改訂増補

協同学習ツールのつくり方いかし方

― 看図アプローチで育てる学びの力 ―

鹿内信善

ナカニシヤ出版

目次

第0章　はじめに　　1
協同学習はメソッドではない　　2

第1章　「見ること」から始める授業づくり　　5
1-1.「見る」ことの楽しさ　　6
1-2.「見ること」の能動的な楽しさ　　7
1-3. 学力としての「見ること」　　11

第2章　看図アプローチで協同学習　　17
2-1. 看図アプローチでアイスブレイク　　18
  2-1-1. ひみつの絵　　18
  2-1-2. むりくりうし　　23
2-2. 看図アプローチ導入エクササイズ　　26

第3章　協同学習で未来を読み取る　　35
3-1. 未来を読み取る手順　　36
3-2.「授業モデル」という考え方　　37
3-3. 未来を読み取る授業の実際　　38
3-4. サブテキスト活用法　　45
3-5. ビジュアルテキストの時系列呈示　　49
3-6.「ふりかえり」も看図アプローチ　　56

第4章　協同学習ツールのつくり方 — 59
- 4-1. よいツールの条件 — 60
- 4-2.「え!?」を写しとる — 62
- 4-3. 読解モード誘発発問をつくる — 70
- 4-4. フォーカシング発問をつくる — 74
- 4-5. 想像力を引き出す発問づくり — 77

第5章　協同学習ツールのいかし方 — 83
- 5-1.「授業づくりあたま」になる — 84
- 5-2. いかし方のモデル — 88
- 5-3. 協同学習ツールの効果 — 91
- 5-4. どこへ行くのでしょうか — 98
- 5-5.「見学」指導へのいかし方 — 105

第6章　協同学習ツールからの発展 — 121
- 6-1. 協同学習から始めるアクティブラーニング — 122
- 6-2. 協同学習ツールを変革の力にする — 125

文　献 — 132

あとがき — 134

第0章

はじめに

協同学習はメソッドではない

◆残念なことに

　協同学習を取り入れたい。そう思っている先生方がたくさんいます。しかし,残念なことに「協同学習」という確立したメソッドはないのです。さらに意外なことなのですが,「協同学習」の定義すら定まっていないのです。

　長い間,協同学習の研究に携わってきた杉江は,次のように述べています。「協同学習は,授業の進め方の技法に関する理論ではなく,学校のすべての場面における子どもの学習に対する支援の基盤にある基本原理に関する理論だと考えます。」(杉江 2011)

　これは,「協同学習も定まった定義があるわけではありません。」と断った上での説明です。杉江の考えを意訳すれば次のようになります。「協同学習とは,授業づくりの根底にある思想のようなものだ。」"思想のようなもの"なのですから,それを学んでも,すぐに協同学習を取り入れた授業ができるわけではありません。残念なことです。しかし,この「残念なこと」ということばは,「幸いなこと」ということばに言い換えることもできるのです。

◆幸いなことに

　私は,「協同と創造の授業づくり研究会」という,ささやかな会をもっています。この会に参加している先生があるとき,次のような発言をしていました。

> 協同学習を取り入れた授業をするためには,協同に見合う課題づくりが大切だ。

　これは,とても的を射た発言だと思います。この発言は,協同学習を取り入れてみたいと思っている先生方に対しても大切な示唆を与えてくれるものです。前述したように,「協同学習」というメソッドはありません。協同学習とは,学習者全体を高めていこうとする考え方

なのです。助け合い・学び合いを重視する立場なのです。このような考え方を実践化していくために，教師は様々な工夫をしていかなければなりません。その工夫のひとつが「協同に見合う課題づくり」なのです。

協同学習は，決まりきったメソッドを子どもたちに押しつけていくものではありません。教師の工夫を取り入れていく余地が大きい「授業づくりのための考え方」なのです。しかも，かなり「ゆったり」した考え方です。教師の工夫の余地が大きいからこそ「楽しい授業」をつくっていくことができるのです。これは，子どもにとっても，教師にとっても，「幸いなこと」です。

◆ 協同学習ツール

「協同学習」とはひとつの思想のようなものです。それがどのようなものであるか，ということについては，優れた入門書がこれまでにいくつか公刊されています (例えば Johnson 他邦訳 2010，杉江 2011，安永 2012，等々)。協同学習そのものについての説明は，それらを参照してください。本書では，協同学習を効果的に行わせていくためのツールのつくり方と，そのいかし方について詳しく説明していきます。

「ツール」は，日本語としてそのまま遣われることもあることばです。たいていの英和辞典には，「道具」とか，「仕事に必要な物や技能」等の訳が載っています。「ツール」というのは，物だけではなく，「技能」までもその意味の中に含んでいることばです。したがって本書では，「協同学習ツール」ということばを，次のような意味で遣っていきます。「協同を取り入れた授業づくりに役立つ教材・教具・課題・発問・指示・思考法，等。」

私たちは，20年以上も前から，協同学習ツールの開発研究を行ってきました。この研究を行うにあたって，キーワードにしてきたのが「見ること」です。そこで第1章では，「見ること」を手掛かりにした授業づくりの実際から説明を始めていきます。また本書では「見る

こと」をキーワードにした協同学習ツールのつくり方いかし方について説明していきます。

なお,本書に掲載している写真は,すべて筆者らが撮影したオリジナルなものです。また,本書に掲載した写真番号のついた写真のカラー版は

http://www16.plala.or.jp/kohki/kanzu/

からダウンロードすることができます。授業など,営利を目的としない活動で活用可能です。

第1章

「見ること」から始める
授業づくり

1-1.「見る」ことの楽しさ

　見ることは楽しい活動です。どうしたらこの楽しさを「授業づくり」にいかせるのでしょうか。私たちは，その方法をずっと考えてきました。

　「見る」活動がもたらす「楽しさ」は，大きく2つのグループに分けられます。例えば，ひとつのグループとして，次のような楽しさを挙げることができます。マンガを見る楽しさ・テレビを見る楽しさ・流行のファッションを見る楽しさ，等々。これらは受動的な「楽しさ」に分類できます。このような「楽しさ」は，私たちが授業に取り入れたいと思っている「楽しさ」ではありません。

　私たちが授業に取り入れたいと思っているのは，能動的活動がうみ出す「楽しさ」なのです。「見ること」に伴う「楽しさ」には，受動的なものと能動的なものがあるのです。物事を能動的に見ることからうまれてくる楽しさとは，どのようなものなのでしょうか。まずは，それを体験学習してみましょう。

◆ 体験による理解

　私は，協同学習を取り入れた授業づくりに役立ててもらうことを目指して，この本を書いています。そのため，この本では，実際の授業の様子が伝わるように，教材や発問を詳しく紹介していきます。紹介していくのは，私がすでに授業の中で活用してきたツール(教材・課題・発問・指示等)です。授業の中でうまく活用できるということを確かめてあるものばかりです。ですから，これから，発問や指示が出てきたら，それに基づいて活動したり思考をめぐらせたりしてみてください。

　実際に学習活動を体験してみることによって，学習者の学習プロセスを理解することができます。学習者に関する理解が深まれば，学習者の立場に立った授業づくりがしやすくなります。では早速，「見ること」からはじめる授業を体験してみましょう。

1-2.「見ること」の能動的な楽しさ
◆「飛行機」のエクササイズ

> 指示
>
> まず写真1-1を見てください。

写真1-1　離陸前？それとも着陸後？

> 発問
>
> この飛行機は，これから，離陸しようとしているのでしょうか。それとも着陸したところなのでしょうか。写真に写っていることを根拠にして，離陸か着陸かを決めてください。

実際の授業では，次のようなワークシートを渡してあります。学習者には，写真を見ながら，発問に対する答えを考えてもらいます。ま

ず2〜3分個人思考してもらい，ワークシートの「離陸」か「着陸」に○をつけてもらいます。そしてワークシートの記述欄に，「離陸」か「着陸」かを判断した自分なりの根拠をメモしてもらいます。

飛行機ワークシート

◆ 小集団協同学習

　離陸か着陸かに○をつけ，自分なりの根拠をメモし終えたら小グループで討論してもらいます。まず個人思考をする。それからグループ討論に入っていく。これは，典型的な小集団協同学習のすすめ方です。

　グループは2〜5名程度です。この飛行機の写真は中学生以上なら確実に教材として使えます。写真1－1のよい点は，離陸時なのか着陸時なのか，意見が分かれるところにあります。学習者が大学生や研修会に来てくれた教員の方々であっても，離陸時と着陸時に意見が分かれます。また，写真のどこに注目して離陸説・着陸説を主張するのか，各説の根拠にする部分も，人によって違います。ですから，写真1－1を使うととても活発な討論をしてもらえます。この本を読んでくれている読者の皆さんも，そばに討論できる人がいたら是非討論してみてください。自分とは違っていて，かつ，「なるほど」と思う意見がたくさん聞けると思います。

◆ 作文にして発信

　グループの人数にもよりますが，5分前後の時間を討論にあてます。

討論のあとで，ワークシートの記述欄(自分の考えをメモした下の余白)に，離陸するのか着陸したのか，まず結論を書いてもらいます。その結論は，最初に自分が考えたものと違っても構いません。グループでの討論を参考にして，写真のどこをどう見たら，そう主張できるのか，その根拠を書いてもらいます。自分の既有知識も根拠にできたら，それも書いてもらいます。上掲のワークシートはA5版です。記述欄はそんなに多くありません。書いてもらうのは短作文です。離陸説・着陸説，それぞれの主張をしている大学生の，実際の作文例をひとつずつ挙げておきます。

作文例1－1(離陸説)

　この飛行機はこれから離陸します。その理由を，これから2つお話ししましょう。
　1つ目は，飛行機の向かう先です。向こう側の道路を回り，指定の位置まで移動し，今まさに滑走路に進入しようとしています。
　2つ目は，整備員が最終チェックに向かっていることです。着陸後は次の発進のために大人数で作業しますが，最終チェックにそこまで人手がいらないからです。

作文例1－2(着陸説)

　私がこの飛行機が着陸した後であると考える理由は3つあります。
　1つは，飛行機の角度です。ターミナルの方を向いているので，乗客を降ろすハッチに向かう途中だと考えられます。
　2つ目は，整備士の位置と車の位置・向きです。離陸するためにバックしようとしている飛行機かもしれない，とも考えましたが，この位置にいたらバックする際につぶされてしまうのではないかと思います。よって，着陸後の誘導をしているのだと思いました。

> 3つ目は，羽の部分にブレーキの役割のような羽が出ていることです。離陸の時はきっと，この部分は出てこないのではないかと思います。

短作文であっても書き上げる時間に個人差が出てきます。早く書き上げた人たちには，作文を交換して読み合いをしてもらいます。このような作文を書き上げると，学習者たちは，離陸なのか着陸なのか，答えを知りたがります。そこで，全員が作文を書き終えたら，授業者から，答えと根拠を説明します。だいたい次のような内容になります。

授業者説明概略

> この写真は離陸するところです。ジェット機は自分で前進できますが，バックはしません。逆噴射すればバックすることも可能です。しかし，安全性や効率性を考慮して，通常の空港ではジェット機が自分でバックすることはありません。
> ジェット機はトーイングカーとよばれる車に押してもらって離陸態勢に入ります。トーイングカーの「トー」は"tow"です。towは「牽引する」という意味ですが，トーイングカーは「押す」ことも得意です。写真に写っているのがトーイングカーです。今，ジェット機が自走できるところまで，ジェット機をプッシュバックしているところです。

◆ 発見がもたらす楽しさ

もともと，離陸説・着陸説に意見は分かれています。ですから，上の説明を聞くと，着陸説を主張していた学習者は，自分の作文が「はずれ」であることに気づきます。しかし着陸説がはずれであることを知っても，着陸説を主張していた学習者が落胆することはありません。学習者たちは，答えが合っているかどうかではなく，答えを導くプロセスに興味をもって取り組んでいるからです。このことは，学習者たちの感想文によっても証明することができます。例えば，上掲の「着

陸説作文」を書いてくれた大学生は，次のような感想を届けてくれています。

> 「着陸説」大学生の感想文1－1
>
> 　飛行機の短作文，初めて書きましたが，これもとても面白かったです。
> 　何回も飛行機に乗っていますが，バックの際に車が押しているなんて知りませんでした。たくさんの発見のある授業で，本当に楽しかったです！

この授業では，「写真の読み解き」と「グループ討論」を取り入れています。このような授業では「たくさんの発見がある」ので，授業全体が「楽しい！」のです。これが「能動的に見ること」がうみ出してくれる「楽しさ」なのです。

1-3. 学力としての「見ること」
◆楽しさを学力につなげる

　私がここで提案しているのは，「協同」を取り入れた授業のつくり方です。授業では学習者に確かな学力をつけてあげなければなりません。「あぁ楽しかった」という感想をもってもらうだけの授業では不充分なのです。では，どんな学力をつけてあげたらいいのでしょうか。

　学力には，いろいろな学力があります。教科や単元によっても，つけたい学力は違ってきます。また，授業者・研究者・教育行政担当者，等々，どんな立場から学力をとらえるかによって，学力の定義が違ってくることもあります。

　学校の授業をつくるとき，最も多く参考にされるのは，学習指導要領です。いろいろな学力のとらえ方があるのですが，ここではまず，学習指導要領を参照しながら，「授業で育てる学力」について考えてみましょう。

第1章 「見ること」から始める授業づくり

◆ 学習指導要領の学力観

　学習指導要領には，授業で身につけさせたい，様々な学力が明記されています。例えば，小学校学習指導要領(国語―第5学年及び第6学年)には，次のことが書かれています。

> (1) 話すこと・聞くことの能力を育てるため，次の事項について指導する。
> ア　考えたことや伝えたいことなどから話題を決め，収集した知識や情報を関係付けること。
> イ　目的や意図に応じて，事柄が明確に伝わるように話しの構成を工夫しながら，場に応じた適切な言葉遣いで話すこと。
> ウ　(省略)
> エ　話し手の意図をとらえながら聞き，自分の意見と比べるなどして考えをまとめること。
> オ　互いの立場や意図をはっきりさせながら，計画的に話し合うこと。

　学習指導要領では，ここに引用したア〜オの活動をさせることによって，話す学力・聞く学力を育てようとしているのです。先に，「飛行機」の写真を使った授業を紹介しました。これは短い授業です。しかし，写真1－1を用いると，短い授業時間の中ででも学習指導要領が挙げている活動をすべて行わせることができます。引用を省略した「ウ」の項目は「共通語で話すこと」ですから，これも達成されています。ただ私は，津軽弁のネイティブです。ですから，共通語圏の人たちにも，「美しい津軽弁で討論させてみたい」という願いももっています。この願いがあるため，上の引用では「共通語で話すこと」という部分を省略しておきました。

　学習指導要領には，次のような記述も見られます。

> (1) 書くことの能力を育てるため、次の事項について指導する。
> ア　考えたことなどから書くことを決め、目的や意図に応じて、書く事柄を収集し、全体を見通して事柄を整理すること。
> 　　　　　　　　　　　　　　　　　　　　　（以下省略）

　これは「書くこと」に関係する学力です。写真1−1を用いた授業では、この活動も行わせています。

◆準拠しつつ越えていく

　私が提案している授業方法は、学習指導要領に準拠したものになっています。日本の学校で授業をしていく場合には、学習指導要領に準拠していることは大切な条件になります。ただ、ひとつ注意してほしいことがあります。それは、学習指導要領に準拠しているだけの授業では不充分なのだということです。それには理由があります。学習指導要領が掲げている「学力」は大切なものではあります。しかし、それは唯一の「学力」ではないのです。学習指導要領は、世の中にたくさんある「学力観」のひとつを示しているにすぎないのです。学習者に身につけさせたい「学力」は、学習指導要領が掲げている「学力」以外にもたくさんあります。学習指導要領に準拠しつつ、さらに学習指導要領を越えた「学力」を身につけさせる。私たちはそのような授業をつくっていかなければならないのです。「見ること」と「協同学習」を取り入れた授業は、まさに、学習指導要領に準拠しつつ、学習指導要領を越えていく授業になります。

◆学力観を進化させる

　学習指導要領では、国語の学力として「話すこと・聞くこと・書くこと・読むこと」の4つを考えています。しかし最近、この4つに、さらにもうひとつの活動を付け加える動きが出てきています。例えば『国語教育指導用語辞典(第3版)』(田近他2004)では、国語教育に

取り入れるべき「言語活動」として、次の5つを挙げています。「見る・聞く・話す・読む・書く」。このように、最近は「見る」ことも「言語活動」とみなされるようになってきているのです。

「見る・聞く・話す・読む・書く」、これら5つを相互に関連させながら、私たちは言語活動を営んでいるのです。さらに注目すべきことがあります。「見ること」と「読むこと」は密接なつながりをもっていると考えられるようになってきているのです。これは、国語教育学研究者の中で、最近定着しつつある考え方です。例えば浜本(2011)は、これからの国語教育では「読む(見る)リテラシーを育てたい」と述べています。このような表現の仕方からもわかるように、「見る力」と「読む力」には共通する部分があるのです。

◆「見る」テキストを「読む」

このような考え方は、国語教育だけに見られる傾向ではありません。中学校「社会」の学習指導要領では、次のような記述がなされています。

> 景観写真の読み取りなど地理的技能を身に付けることができるよう系統性に留意して計画的に指導すること。

景観写真のようなテキストは、これまでは「見るもの」と考えられてきました。それが「読むもの」でもあると考えられるようになってきているのです。OECDが行っている学習到達度調査(PISA)でも、同様の考え方が採用されています。これはすでに広く知られていることですので簡単に説明しておきます。PISAでは、テキストを「連続型」と「非連続型」の2つに分けています。連続型は、文章で書かれたテキストです。非連続型は、グラフや絵図等のビジュアルテキストを指しています。これまでは「見るもの」として位置づけられていたビジュアルテキストは、PISAでも「読むもの」として位置づけられているのです。

学校で用いられる教科書は、「連続型」テキストと「非連続型」テ

キストを組み合わせた「混成型」テキストになっています。さらに，教科書に掲載されているビジュアルテキストは年々増えてきています。これからは，小中高大，すべての学校でビジュアルテキストを読ませる指導が必要になってきます。しかも，すべての教科で必要になってくるでしょう。

◆ビジュアルリテラシー

　時代の変化に伴って学力のとらえ方も変わってきているのです。ですから，学習指導要領が掲げる「学力観」のみに頼った授業づくりでは不充分なのです。時代の変化に対応していけなくなってしまうのです。時代の変化についていくために，新しい学力観ないしは新しい学力概念が必要になってきます。そこで，私たちが注目しているのが「ビジュアルリテラシー」という学力です。これは「見る・聞く・話す・読む・書く」活動を包括する，活用範囲の広い概念です。

　奥泉 (2006) は，「見ること」の指導に関する英語圏の文献を概観しています。そして「ビジュアル・リテラシー」という概念をキーワードとして取り出しています。奥泉は次のようにまとめてくれています。

> ビジュアル・リテラシーとは，絵や写真，図表，動画といった視覚的テキストを読み解き・発信する力のことである。

　ビジュアルテキストを読み解く力・読み解いた結果を発信する力。ビジュアルリテラシーとは，この2つの力を含む新しい学力概念なのです。

◆看図アプローチでつくる協同学習ツール

　ここまでは，国語科にウエイトを置いて話をすすめています。それは，国語学力が他の教科学力を支える重要な学力であると考えているからです。ビジュアルリテラシーの育成が求められているのは国語科だけではありません。ビジュアルテキストを「読む」活動は，社会科

の授業にも取り入れられています。先に紹介してきた「景観写真を読む」活動などは，その代表例になります。「見ること」が最も大きな役割を果たしている教科は「美術」です。美術の領域ではWalkerたち(邦訳2001)が，早くからビジュアルリテラシーの重要性を指摘しています。Walkerたちもやはり，ビジュアルテキストを読み解くこと，読み解いた内容を発信することを包括する能力としてビジュアルリテラシーを定義しています。

ビジュアルテキストを読み解いた結果を発信する方法はいろいろあります。写真1－1を用いた授業では，読み解いた結果を意見文にまとめて発信してもらいました。読み解いた内容を物語にして発信するという方法もあります。これについては鹿内が「看図作文」という手法を開発し，提案しています。「看図作文」も効果的な協同学習ツールになります。詳しくは，鹿内(2010，2014)を参照してください。

授業の中にビジュアルテキストの読解を取り入れていく動きは世界的規模で広がっています。中国でも，ビジュアルテキストの読解が授業づくりに取り入れられています。中国語では，ビジュアルテキストの読解を「看図」と言います。このことばは短くて遣いやすいので，私は「看図」という表記をよく用いています。この本のサブタイトルには「看図アプローチ」ということばが入っています。これは，「授業づくりにビジュアルテキストの読解を取り入れていくアプローチ」という意味です。

ビジュアルテキストは，多様な読み解きが可能です。本章の最初で見た飛行機の写真を思い出してください。飛行機の写真1枚でも，離陸説・着陸説に読解が分かれます。また，それぞれの説の根拠にしていることも，人によって違ってきたりします。学習者間にうまれる，このような読み解きのズレが活発な討論を引き起こします。また，活発な討論によって，それまで自分が見落としていたことなどもわかってきます。さらに，学習者同士の読解結果を共有することで，自分ひとりでは成し得なかった豊かな学習も可能になってきます。このため，ビジュアルテキストの読解は効果的な協同学習ツールになるのです。

第2章

看図アプローチで協同学習

2-1. 看図アプローチでアイスブレイク

　看図アプローチは，いろいろな授業づくりに使えます。また，同じひとつのビジュアルテキストでも，使い方によっては，様々な教科に活用できます。さらに，看図アプローチは，様々な授業形態に取り入れることができます。看図アプローチで一斉授業をつくることもできます。しかし，看図アプローチが優れているのは，協同学習ツールやワークショップ教材としての活用可能性が高いことにあります。

　小集団協同学習やワークショップを初めてのグループで行うときには，アイスブレイクが必要になります。私たちは，アイスブレイクにも看図アプローチを使っています。最近は，小集団協同学習やワークショップを授業に取り入れる先生方が増えてきています。そのため，様々なアイスブレイクの方法が開発されています。これから紹介していく方法も，ひょっとしたらすでに実践されているものかも知れません。しかし，以下に紹介していくのは，私が「看図アプローチ」という枠組みをもつことによってうみ出すことができた独自の方法です。

2-1-1. ひみつの絵
◆「ひみつの絵」手順

　最初に紹介するのは，私が「ひみつの絵」(あるいは「スモールシークレット」)とよんでいるアイスブレイクの方法です。これは，次のワークシートを使って行います。ワークシートはA5版の小さなものです。ワークシート配付後に，やり方の説明をします。

「ひみつの絵」ワークシート

看図でおはなし＜アイスブレイクバージョン＞
所属（　　　　　　　　　　）
名前（　　　　　　　　　　）
（「ひみつの絵」描画欄省略）

やり方説明

> 　人と人が仲良くなるためには，相手のことをよく知らなければいけません。また，相手に自分のことを知ってもらわなければなりません。相手に自分のことを知ってもらう行動を「自己開示」といいます。
> 　これから，グループの人たちで自己開示をしてもらいます。相手に自分のことをよく知ってもらうために，皆さんがもっている「ちいさなひみつ」を打ち明けてみることが効果的です。これから「ちいさなひみつ」を打ち明ける準備をしていきます。まず，そのワークシートに，皆さんの「ちいさなひみつ」を表現する絵を描いてもらいます。

　この説明だけでは，作業内容が充分に伝わらないことがあります。そこで私はいつも，私自身の例を黒板に描いて見せます。私がよく使うのは下の絵です。

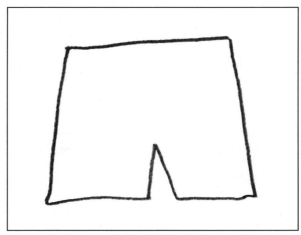

図2－1　授業者例示「ひみつの絵」

ある研修会でも，この絵を使いました。絵を板書し終えて「これが私の秘密です」と言うと，参加していたひとりの先生が「パンツをはいていない！」と大きな声で言ってくれました。この発言は，研修会開始早々にうまれてきた積極的な参加者反応です。そこで，この先生の発言を取り入れながら，次のようにして，私の「ひみつ」を開示していきました。

授業者の自己開示例

> 　ありがとうございます。私の方から「パンツ」ということばを言いにくかったのですが，今，「パンツ」と言って頂きましたので，私も「パンツ」ということばを遣わせて頂きます。パンツははいています。はいていますが，今日のパンツは特別なパンツなのです。
>
> 　私は，いつもこうしてたくさんの方の前でお話をしていますが，毎回緊張してしまいます。それで，こういうときは少しでもリラックスできるように，勝負パンツをはいてくることにしています。私の勝負パンツは，○○イーグルというブランドのパンツです。今日もしっかり，○○イーグルパンツをはいてきています。○○イーグルパンツをはいている福岡女学院大学の鹿内です。

　これは，あくまでも例です。授業者は，自分自身の「ひみつの絵」を描いてください。自己開示の例示も，その場の空気を読みながら行ってください。授業者の自己開示が済んだら，次の指示によって作業をすすめてもらいます。

> **指示**
> 皆さんの「ちいさなひみつ」を絵にして，ワークシートに描き込んでください。

　この指示で絵を描けない人が，ごく稀にいます。そんなときは「1本の線でもいいです。パンでもリンゴでも，描けるものを何でも描いておけばいいです。」とサポートしてあげます。

　ここで紹介しているのは，グループワークのときにアイスブレイクする方法です。グループをつくるときは，それぞれのグループ毎に「1番さん」から「n番さん」まで番号を決めておきます。「ひみつの絵」を描き終えたら「1番さん」から自己開示をしてもらいます。そのために，次のような指示をします。

> **指示**
> それでは，さっき私が行ったように，皆さんが描いた「ひみつの絵」の説明をしていってください。1番さんからお願いします。1番さんの説明が終わったら，2番さんは1番さんに何かひとつ質問してあげてください。適切な質問をしてあげたら，それは，「私はあなたの話をちゃんと聞いていましたよ」というメッセージにもなります。1番さんはその質問に答えてあげてください。
> 　1番さんが答え終わったら，次は2番さんが，自分の「ひみつの絵」の説明をします。それが終わったら，3番さんが質問してあげる。こういうふうに，全員で紹介し合っていってください。

　これは，少し込み入った指示です。次のようなまとめを，板書かプロジェクターで呈示しておくとスムーズにすすみます。

手順の板書
1番さん:「ひみつの絵」の説明
2番さん:1番さんに質問してあげる
1番さん:質問に答える
2番さん:「ひみつの絵」の説明
3番さん:2番さんに質問してあげる
(以下同様)

　大学生が描いてくれた「ひみつの絵」をひとつ例示しておきます。こういう簡単な絵でいいのです。

図2-2　大学生の「ひみつの絵」例

　この学生は,「ひみつの絵」を示しながら,次のような自己開示をしてくれました。

大学生の自己開示例

> これはろうそくです。ろうそくといえばケーキです。私は明後日にケーキを食べられるのです。明後日はバレンタインデーです。しかし，バレンタインデーはそれほど重要ではありません。2月14日は僕の誕生日なのです。バレンタインが誕生日の〇〇です。よろしくお願いします。

2-1-2. むりくりうし

◆「むりくりうし」手順

　もうひとつ，看図アプローチによるアイスブレイクの方法を紹介します。これもやり方は簡単です。「ひみつの絵」とまったく同じワークシートを使います。絵を描いてもらうことも共通しています。絵を描いてもらう指示は2段階に分けて行います。まず第1の指示です。この指示にしたがって大学生が描いてくれた描画例を載せておきます。

> 指示
> 　ワークシートに△と□を描いてください。好きなところに好きな大きさで，好きなように描いてください。

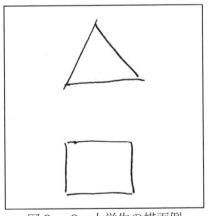

図2-3　大学生の描画例

全員が，このような図を描き終わったら，第2の指示をします。

> 指示
> 　今，描いてくれた△と□に線を描き足して「牛」に見える絵にしてください。いろいろ描き足して「むりくり」にでも，「牛」に見える絵にしてください。

　この指示をすると，教室のあちこちで「えー!?」という声があがります。でも大丈夫です。皆，難しさを楽しみながら，自分たちが描いた△と□から「牛」を創り出してくれます。上で紹介した大学生は，次のような「牛」を仕上げてくれました。

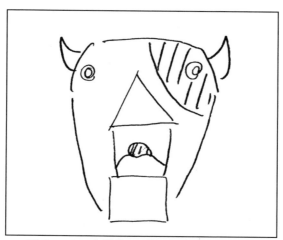

図2-4　大学生の「むりくりうし」例

　「むりくりうし」を描き終えたあとの手順は，「ひみつの絵」のときと同様です。次のような指示をします。

指示

　自分が描いた絵には，自分の性格や内面が表れてきます。今，描いてくれた牛の絵から，自分の性格や内面を表している部分を読み取ってください。そして，それをグループのメンバーに伝えながら自己紹介していってください。1番さんから順番にお願いします。

　上掲の「むりくりうし」を描いてくれた大学生は，自分の絵をもとに，次のような自己紹介をしていました。

大学生の自己開示例

　この牛は，とても驚いた顔をしています。角はありますが，戦えるほど長くありません。鋭くもありません。目も，ギラギラと光ってはいませんが，何かを見つめています。この牛は，僕の普段の考え方を表しています。僕は，戦う武器も迫力ももっていません。口を大きく開けていつものんびりしています。でも，何かを発見できるよう，目はしっかり開いています。今日も，何かを発見して帰りたいと思っている○○です。よろしくお願いします。

　私(鹿内 2003)は，以前，中国名画「五牛図」を活用した授業をつくりました。5頭の牛の姿や様子を読み解き，それをもとにして自己理解を促していく授業です。そのときにも考察したのですが，東洋文化には，「牛の絵」を寓意的に読み解く伝統があります。そのような伝統の力が働いているのかも知れません。「むりくりうし」は，「牛」でないとうまくいきません。「むりくりぶた」も「むりくりさかな」も，絵にするところまでは「むりくり」できます。しかし，できあがった絵をもとに自己開示するところがうまくいきません。「むりくり○○」は，ぜひ「牛」でやってみてください。

2-2. 看図アプローチ導入エクササイズ
◆「見るもの」を「読むもの」にする

　看図アプローチでは，ビジュアルテキストの読解を取り入れて授業づくりをしていきます。看図アプローチでは，これまでは「見るもの」として扱われてきたビジュアルテキストを「読むもの」として活用していきます。しかし，多くの学習者は，写真や絵図を「読む」「読み解く」という体験をしてきていません。このような学習者たちに，「ビジュアルテキストも読み解けるものなのだ」ということを理解させておく必要があります。あらかじめ，ビジュアルテキスト読解のエクササイズをしておけば，看図アプローチによる授業も展開しやすくなります。

　前章で紹介した「飛行機の写真」も導入エクササイズとして活用できます。私たちは，この他にもビジュアルテキストの読解を体験できる導入エクササイズをいくつか開発してあります。ここでは，私たちが開発してきた導入エクササイズの中から，学習者の反応が最もよいものをひとつ紹介していきます。このエクササイズを行うと，「ビジュアルテキストも読み解けるものだ」ということを確実に体験学習してもらえます。

　ビジュアルテキストの読み解きを協同学習スタイルで行うとさらに効果的です。協同学習スタイルを取り入れると，学習者たちは，各自が読み解いた結果を積極的に伝え合うようになります。また，前述したように学習者たちの読み解きには微妙なズレが生じてきます。そのズレを解消するための討論も活発化します。学習者たちのこのような様子を見ていると，「看図アプローチは学習者参加を引き出す」ということを，授業者自身も体験的に理解できます。

◆ビジュアルテキストの読解に必要な活動

　私は，3つの活動によってビジュアルテキストの読み解きが達成されると考えています。ビジュアルテキストには，いろいろなものがあります。代表的なものは，写真と絵図です。本書では，写真をビジュアルテキストにすることが多いので，写真を例にして3つの活動を整理しておきます。私は，3つの活動を「変換」「要素関連づけ」「外挿」とよんでいます。それぞれ，次のように定義されます。

> (1) 変換　写真に写っている諸要素を言語化すること。
> (2) 要素関連づけ　写真に写っている諸要素や，自分が既有知識としてもっている諸要素などを関連づけること。
> (3) 外挿　写真には写っていないことを推測すること。

　これら3つの活動を，発問によって引き出していくのが授業者の仕事になります。3つの活動の中では外挿が最もレベルの高い活動になります。このため，授業づくりの中心に据えるのは，外挿活動を引き出す発問になります。実際の例を示した方がわかりやすいので，ビジュアルテキストを参照しながら説明していきます。

第2章　看図アプローチで協同学習

写真2－1

　まず写真2－1を全体的に眺めさせます。次に写真の細部に注目させていきます。細部に注目させたいとき，私たちは「よく見てください」という指示を出しがちです。しかし，よく見てほしいときに「よく見てください」と指示しても，ほとんど効果はありません。なぜなら，子どもでも大学生でも，「よく見る」とはどうすることなのかをわかっていないからです。このため教師が「よく見てください」と言っているのに学習者は肝心なところを見落としてしまう，ということが頻繁に起こります。写真に限らず，物事をよく見てほしければ，「よく見るための行動」を引き出す指示をしてあげなければならないのです。私は，写真を「よく見て」ほしいときには次のような指示を出しています。

　この写真に写っている「もの」を10個書き出してください。

この答えは，写真の余白かワークシートに記入させます。学生たちは「車」「電柱」「ガソリンスタンド」などと書いていってくれます。この活動が，上に述べた「変換」にあたります。変換活動を引き出す「指示」を出すと，写真を「よく見る」という行動が自然にうまれてくるのです。学生たちが書き出した「もの」をグループでシェアさせると，肝心な「もの」を見落とすということもなくなります。以上の活動をさせたあとで中心発問を呈示します。写真2−1の中心部分要素は真ん中に写っている黒っぽい車です。この要素に注目した，中心発問は次のようになります。

発問
　　真ん中に写っている車は，これから2秒後にどんな動きをすると思いますか。

　中心発問の答えにたどり着くことが，このエクササイズの目標になります。学習者たちは，写真に写っている諸要素を関連づけたり，さらには写っていることと自己の既有知識を関連づけたりして答えを見つけていきます。

◆ エクササイズの実際

　エクササイズの実際を紹介していきます。これは協同学習として行いました。ただしミニ授業形式です。私立D大学で，4人だけ受講している科目があったので，その授業を借りて行いました。授業者は鹿内です。授業者と学習者は初対面でしたが，授業はスムーズに展開していきました。学習者数が少ないので，彼らの発言をすべて拾い上げることができました。この授業記録を見ると，学習者が協同しながら写真を読み解いていくプロセスがよくわかると思います，また，その際必要になる授業者からのサポートの仕方も理解できると思います。

K　いいんちゃう,この風景。

鹿　あー,そうですね。写真撮るのはなかなか難しいんですよね。次,私質問しますけども,質問予測できますか？Tさん,何聞かれると思う？

T　前の車までの距離。

鹿　あー,そうですね。車に目をつけた。そうですね。さっきKさんが,情景全体に目をつけた。そう,その見方,とってもいいです。まず全体,情景を見て,そして今度Tさんが部分を,車を見ていく。今,Kさん,Tさん,やってくれたこと,とってもいいです。それでは質問します。そこに黒い車写っていますよね,真ん中に。その車,次どういう動きをします？2秒後にどういう動きしていると思いますか？相談してみてください。

K　前の車がスタンドに入るから,ちょっとウィンカー出して車線を変えて抜いていく感じですかね。

F　入るんすか,これ。スタンドに。

K　だってウィンカー出してるでしょ？

F　ウィンカー？ブレーキランプでしょ。

K　ウィンカーでしょ。

F　ウィンカー？わかんない。これの前の前ぐらいの感じかな。ブレーキかけてるのは。

K　なるほどね。

鹿　Tさん,どうですか？

T　前の車がウィンカーみたいなのを出してるっぽいので,それを華麗に抜いていくのではないかと。

鹿　なるほどなるほど。Iさん,すいません,免許もっていませんが,だいたい今言っていることを理解できますか。

I　はい,できます。

鹿　どうすると思いますか？

I　普通には,そのまま直進しているので,前の車をよけながら

行くと思います。
鹿　だいたいそれでいいですか。じゃ，確認してみましょうね。

写真2−2

(写真2−2配付)
鹿　すごい読みですよね。こういうの読めるというのはすごいですね。正解です。
K　抜いてった。
F　抜いちゃうんだ。
K　結構車いるんだ，前に。
鹿　そうですよね。ちょうど今，だからさっきのブレーキランプですか，ウィンカーですか，点いていたのは？どちらだと思います？
K　ブレーキじゃないんですか。
鹿　今ブレーキ踏んでますね。
K　はい。あ？さっきのはウィンカー？

鹿　そうですね。どうしてさっき(の写真で光っていたのは)ウィンカーだとわかりますか？
K　位置。
鹿　位置。位置ひとつ。そうですね。
F　移動している，車が。
鹿　うん，そう，車が移動している。そうですね。こちら側にこう曲がっている。2つ見つけましたね。あともうひとつ，言えばいいわけで。
I　色？スピード？
鹿　あ，色，そうですね。黄色い色がありましたね。そして今これ，ウィンカー点いてますか，点いていませんか。
K　ま，点いてないと思います。
鹿　これ，どうして点いていないですか？
K　もうハンドルを切って，いや，でも，普通点いているはずですよね，たぶん。
鹿　そうですよね。
K　点いているはずですよね。
鹿　そうですね。
F　もう戻した，もう。
鹿　もう戻した。その可能性ありますよね。あと他に，なんでウィンカー点いていないですか。
K　後ろの車がもう，車線変えて抜いてったから，もう消した。
鹿　あー，もう消した？そうですね。Kさんが運転手ならばそうしますか？
K　いや，しないですね。
鹿　しないですね。
F　ウィンカー点けないでしょ？
K　点けるしょ，一応。
鹿　ウィンカーってどういう風に点きますか？ずーっと点いてますか？

F　点滅している。

K　あー，そういうことか！

鹿　そうですね，うん。ちょうどここで点滅の「滅」になったんですね。だからずっと点けっぱなしで曲がっていく。

K　あー，そのタイミングか。

鹿　そうですね。納得できますか。

(全員　はい。)

鹿　こういう風に写真を使ってやってみて，えー，Tさん，どうですか？今のところ，ちょっと簡単な感想は？

T　感想ですか。いや，なんか，この写真だけでもいろんな予測ができて，はい。

未来を読む力

　私はこのエクササイズを何度も行ってきています。ほとんどの授業で，学習者たちは，次の2つの仮説を出してくれます。

> この黒っぽい車は
> ①ブレーキを踏み減速する。
> ②対向車線に出て追い越していく。

　「安全運転第一」という既有知識と関連づけたら，まず①の行動をとるでしょう。多くのドライバーは，そうすると思います。②の仮説を主張する学習者が根拠にするのは，次の2点です。ひとつは，対向車線に車が見えないこと。もうひとつは，ここは追い越し禁止区間ではないことです。この写真に写っている車のドライバーも，この2つを判断基準にして車を運転していたのだと思います。

　写真から，たくさんのことが読み取れます。未来の出来事さえ読み取ることができるのです。写真2−1を見て「この車は対向車線にはみ出して追い越していく」という仮説を導いた人は，この車の未来を「読み取った」のです。看図アプローチは，未来を読み取る力も育

ていくことができます。

　学習者も，このことを体験的に理解してくれています。授業記録の最後でTさんは，「この写真だけでもいろんな予測ができる」と言ってくれています。予測ができること，それを確認できること。写真を使って「予測－確認」のプロセスをたどっていくことが，授業の楽しさをうみ出してくれるのです。同時に，授業に対する学習者の積極的参加も引き出してくれるのです。そうすることによって協同学習も成立していきます。これは，前章で紹介した「飛行機」の授業でも確かめられていることです。

　看図アプローチでは，「予測－確認」の面白さを実感できる授業をつくれるのです。しかもそれは，学習者たちの協同学習として行われるのです。次の章では，「予測－確認」活動の面白さをより引き出すことができる，協同学習ツールのつくり方いかし方を紹介していきます。

第3章

協同学習で未来を読み取る

3-1. 未来を読み取る手順
◆「予測-確認」活動による動機づけ

　前章では，ビジュアルテキストを活用した「予測-確認」活動を紹介しました。学習者たちは，この活動をとても面白がってくれます。この面白さは，協同学習を続けていくための原動力になります。この章では，「予測-確認」活動の面白さを学習の動機づけにした協同学習のつくり方を説明していきます。もちろん，使うのは看図アプローチです。そして，つくる授業は学習者参加を促す協同学習スタイルの授業です。

　ビジュアルテキストの読み解きに必要な3つの活動については，前章で整理しました。変換・要素関連づけ・外挿です。これら3つの活動を引き出すことが授業者の仕事だということも述べました。ビジュアルテキストの読解指導で，授業者がすべき仕事は他にもあります。フォーカシングとシミュレーションの指導です。

◆フォーカシングとシミュレーション

　ビジュアルテキストから，様々なことを読み解いたり，読み取ったりすることができます。「写真」はビジュアルテキストの代表的なものです。私は，写真をもとに「予測-確認」活動を行わせるということもよくします。

　この場合の「予測」は，写真に写っているものの「未来を読み取る」活動でもあります。未来を読み取ると言っても，写真に写っているすべてのものの未来を読み取る必要はありません。写真を構成している中心的要素の未来を読み取るのです。このため，どれが中心的要素になるかを決めていく指導が，まず必要になります。写真に写っているたくさんの要素の中から中心的なものを選び出させ，焦点化(フォーカシング)させていくのです。

　中心的要素にフォーカシングしたら，次に，それがどのような未来をもっていくのか，どのように変化していくのかシミュレーションしていきます。シミュレーションには，2種類のやり方があります。ひ

とつは，頭の中でイメージを動かしながら行う「イメージ展開シミュレーション」。もうひとつは，何か具体的な模型を動かしながら行う「模型活用シミュレーション」です。

　写真の未来を読み取るということは，写真には写っていないことを読み取ることです。前述したように，このようなことを「外挿」とよびます。フォーカシングは，外挿する対象を絞り込んでいく活動です。シミュレーションは，外挿を行っていくための具体的な方法になります。このように整理しておくとわかりやすいと思います。

3-2.「授業モデル」という考え方
◆ 応用可能なノウハウを学ぶ

　次節では，写真から未来を読み取る授業のモデルを紹介していきます。学習者になってくれたのは，前章の「車」の授業に協力してくれた4人の学生です。彼らは，建築学科の学生です。それぞれ，景観デザインコースや住空間プロデュースコース等で専門の学びを深めています。せっかく，私の授業研究に協力してくれているのですから，彼らの専門にも役立つ教材を作成し授業を行いました。ここでは農業土木工事を教材にしました。

　この章で紹介していくのは，農業土木工事の授業です。しかし，本章で学んでほしいのは，農業土木工事の授業づくりではありません。本章を含めて，本書で紹介していく授業には，様々な教科や単元の授業づくりに応用可能なノウハウをたくさん盛り込んであります。

　「協同を取り入れた授業づくりをするとき，どんな写真を用意すればいいのか」「学習者の参加を促すために，どのような発問をすればいいのか」等々。本書では，このような協同学習ツールのつくり方かし方に関わる問題を解決していくための方法を示していきます。授業づくりのための手掛かりを提供していきます。授業づくりのための手掛かりがいっぱい詰まった授業を「授業モデル」とよびます。

◆アレンジして活用

　紹介していくのは「授業モデル」です。モデルですから，それをそのまま真似ていく必要はありません。授業モデルをアレンジして新しい授業をつくっていくことが大切です。紹介された授業モデルをそのまま実行していたらおかしなことになります。それは，普通の人がファッションモデルとそっくりの格好をして街を歩いたらおかしなことになるのと同じです。授業モデルに盛り込まれてある様々なノウハウを「アレンジして活用」していく。そこから新しい授業がうまれてくるのです。そのような工夫をしていくことが，授業づくりの醍醐味なのです。

3-3. 未来を読み取る授業の実際
◆授業目標

　この授業は，次のような目標を設定して実施しました。

＜認知領域目標＞

> ビジュアルリテラシーを獲得する。
> a) 写真を細部まで観察できる。
> b) 写真を構成する諸要素を言語や図に変換できる。
> c) 写真を構成する諸要素を相互に関連づけできる。
> d) 写真の構成要素および既有知識を関連づけ，作業内容を外挿できる。

＜情意領域目標＞

> この学習を楽しいと感じることができる。

◆学習者・授業者・教材

　前述したように学習者は，前章の「車」の授業に参加してくれた4人の学生です。学習者が4人だけのスリムな授業です。しかし，スリムな分，学習者の反応をすべてすくい上げることができます。その

ため，授業づくりのポイントをよく把握することができます。この利点をいかしながら授業記録を紹介していきたいと思います。

　授業者は鹿内です。これから紹介する授業は，「車」の授業のあとに続けて行いました。教材とするのは「落口」工事の様子です。それでは，いくつかのステップに分けて授業の様子を紹介していきます。以下で紹介する教材写真は，協同学習を促す「物」ツールです。フォーカシングやシミュレーションは「技能」ツールになります。

◆ **フォーカシング**

写真3－1

　この授業では「落口」工事を教材にしています。このため，写真3－1で中心的要素になるのは「落口桝」です。写真3－1では，落口桝が2個写っています。今回工事対象となるのは，大きい方の落口桝です。この落口桝に注目してもらえるよう導いていきます。このステップは授業の導入部分です。写真に写っている中心的要素に

フォーカシングしてもらえれば充分です。そのため，学習者の発言も取り入れながら，学習者の視線を大きな落口桝に誘導していきます。

(写真3−1配付)
K　あー。
鹿　Kさんは何をまず，「あー」と思いましたか？
K　これは配水管，配水管じゃないな，どぶ工事みたいな。
鹿　あー，まずそこ，いきましたね，はい。そう。まず聞きたいのは，まず皆さんならどこを見るか，Kさんは，今その排水工事のところに目がいったんですね。Iさんはどうですか？
I　一番最初に目がいったのは，畑ですね。
鹿　畑を見た。はいはい。Fさんは？
F　真ん中のポールを。
鹿　はい，ポール見ましたね。Tさんは？
T　このポール。
鹿　はい，そうですよね。ポールというのは目印ですから，これはまず，目いきますね。次，何の仕事をするかといったら，KさんとIさんが言ってくれたように，排水の仕事もするし，畑の仕事もしていくんですね。で，今日これから始まる工事は，(写真3−1中の落口桝を示して)これを使った工事を始めていくんです。

◆イメージ展開シミュレーション

中心的要素にフォーカシングさせたら，次にそれをイメージの中で動かしてもらいます。

鹿　これ(落口桝)，どこに設置すると思いますか？ちょっと相談して決めてください。皆さんがここの現場で働いているとしたら。
K　これ？これは何に使うものか。

F　水の流れですよね，これ。下にパイプ的なものが。
鹿　下にパイプがあるから，水の流れが。
K　この法面(のりめん)にはめて，あ，はまんねえや。
鹿　うん，法面にという仮説，ひとつありますね。
K　大きさ2つあるよね。
鹿　あー，いいところに気がつきました。
K　だね。でもね，こう使うかも知れないんだよ。
鹿　そうですね，今，いいところにいろいろ気がついてました。どんな方向でやるのかということと，大きさ2つある。今使うのは，この大きい方を使います。今日の工事では。
K　大きい方？
鹿　はい。
I　大きい方だったら。いや，これさ，微妙だよね。
F　微妙の意味がわからんけど。
K　もうここに埋まっちゃってるしょ。この溝，全部ふさがっちゃってるよね。だから。あ，わかったわかった。これをこの上にかぶせるというか，倒して，ここを切って水が流れるようにして，こう流すみたいな。
鹿　あ，なるほど，はい。いろんな考え方があると思います。

　ここまで，私が携わった協同学習の記録をいくつか紹介してきました。その記録を読んでわかるように，私は，学習者にすべてを任せっきりにした授業を行なっていません。学習者に任せっきりにしていては，協同学習は成立しないのです。教師は，様々な協同学習ツールを駆使して，学習過程をサポートしていかなければなりません。

　上に紹介した授業では，ビジュアルテキストという「物」ツールと，イメージ展開シミュレーションという「技能」ツールを活用しています。このようにして協同学習ツールを使いこなしていくと，短時間でもいろいろな考えが出てきます。また，その中には正解に近い考えもまじっています。学習者の様々な考えを正解(未来の読み取り)に近

第3章　協同学習で未来を読み取る

づけるため，次に，模型活用シミュレーションを協同学習ツールにしたステップに入っていきます。

◆ 模型活用シミュレーション

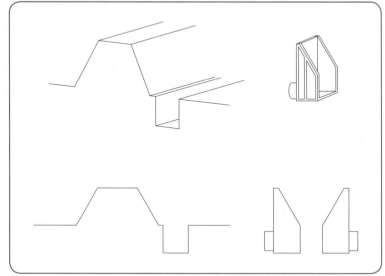

図3－1　授業者から呈示した断面図模型

図3－1を配付したあと，次のように授業をすすめていきます。

鹿　これを使って工事します。それをあの，土木関係の人は落口（おちぐち）って言う。落口。その落口をどこに配置したらいいんでしょう？今，私が渡したその断面図を使って，こちらにさっきKさんがひっくり返したりとかって言ってたので，ひっくり返せるように両方から見た断面図をつくってみました。どういう風にして置くかはわかんないですけれども，この断面図を使って，どこにどういう風にこれを設置するものなんでしょう。相談してみてください。

（中略）

I　この畑は，畑なんですか，水田なんですか？

鹿　あー，どっちだと思います？
F　どっちですかね。
K　僕，田んぼだと思うんだよね。₂
鹿　どうしてそう思いますか。
F　水はけがあるから。₃
鹿　あー，えらい。すごいですね。水はけがいいという条件が必要な工事なんですね。とてもいいところに気がつきました。
F　水田だとしたら，相当な水の流れがありますから。
K　この奥に田んぼがあるでしょ。田んぼじゃないの？
F　田んぼっていうのは水田のことですか。
K　そう，水田のことです。緑？あ，でもね，畑でも緑だしね。
F　そうだね。畑は緑なのに，こっちはまだそれができていないということですか。時期のズレが。来年に備えてかも知れない。₄
鹿　うんうん。
F　そういうことですよ。
鹿　すごいですね。来年に備えての工事なんですね。そうですね。
（中略－話し合いながらシミュレーション図を完成させていく）

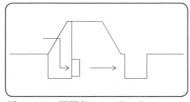

図3－2　学習者Fのシミュレーション

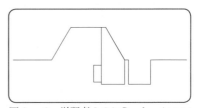

図3－3　学習者Iのシミュレーション

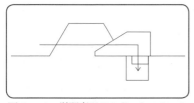

図3－4　学習者Kのシミュレーション

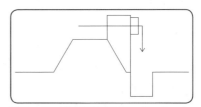

図3－5　学習者Tのシミュレーション

第3章　協同学習で未来を読み取る

　　鹿　(全員のシミュレーション図を集めて)これ，見えますか。
　　　　この中に正解があります。
　　Ｉ　おお！
　　Ｆ　盛り上がってきた。
　　Ｋ　Ｆのがあついと思うんだよね。
　　鹿　どれが正解だと思いますか？
　　Ｋ　やっぱり僕のがと思います。
　　鹿　もうちょっと討議して正解決めてみてください。
　　Ｋ　でも，ま，Ｆのがいい感じだと思うんだよね。
　　鹿　どうしていい感じだと思いますか。
　　Ｋ　なんかこう，結構はまって，ここをあと，もっとこの配水管
　　　　みたいなのをつなげればいいじゃないですか。
　　鹿　なるほど，なるほど。
　　Ｋ　こっちも同じだよ。これ(Ｔの)はわかんない。(笑)
　　Ｆ　スケールが大きい。
　　Ｋ　スケールが大きい。あふれたとき用って感じ。
　　鹿　さあ，本当に皆さんが請け負った業者だとしたら，最も合
　　　　理的なのはどれでしょうね。
　　Ｋ　やっぱり僕のかな？
　　Ｆ　隣の業者には頼まない。(笑)
　　鹿　ではこれから発注する業者決めますね。はい，これです。
　　Ｋ　お，Ｆのじゃない？
　　鹿　あー，そうですね。Ｆさんの予想。

　授業記録の一部を省略しましたが，写真を読み解きながらシミュレーションしていることは伝わると思います。また，写真を読み解くことによって，望ましい学習活動がいろいろうまれてきています。例えば，協同学習が自然に行われるようになります。下線１の部分で学習者Ｉが疑問を出しています。この疑問に対して学習者Ｋ(下線2)と学習者Ｆ(下線3)が答えてくれています。疑問も答えも，すべて

写真3－1をもとにしてうみ出されたものです。
　さらに，この工事は「未来に備えたものだ」という大発見(下線4)もうまれています。ビジュアルテキストの読解を取り入れると，学習者の協同や発見を促す授業をつくることができます。

3-4. サブテキスト活用法
◆ 2種類のテキスト

　この章では，写真に写っている中心的要素の未来を読み取る授業を紹介しています。前章の「車」の写真のように，1枚の映像から未来を読み取れる(外挿できる)ものもあります。しかし，未来を読み取るということは，大変難しい作業です。そこで「未来の読み取り」を授業者が支援してあげる必要も生じてきます。前節の模型活用シミュレーションは，授業者の支援を受けながら行っている「未来の読み取り活動」です。この他に，サブテキストを活用して，学習者の読み取りや読み解きを支援する方法もあります。

　本節では，サブテキストを活用した授業方法を紹介していきます。この方法では，メインテキストとサブテキスト，2種類のビジュアルテキストを用います。今回用いるサブテキストには，イメージ展開シミュレーションを行っていくための資源が写っています。サブテキストに写っている要素を活用しながら，メインテキストの未来を読み取っていくのです。

　ここで紹介するのは，前節の授業の続きです。実際には一連の授業なのですが，サブテキスト活用法は大切な方法ですので，ここで節を改めて紹介していきます。

◆メインテキストとサブテキスト

写真3－2　メインテキスト(一部モザイク処理)

写真3－3　サブテキスト

写真3－2がメインテキスト,写真3－3がサブテキストです。まず,サブテキストに写っている工具や材料をことばに「変換」させていきます(その授業記録は省略します)。次に,複数の工具や材料を関連づけ(要素関連づけ),工事の進行を予測(外挿)させます。実際の授業は次のようになりました。

◆ メインテキストの読み解き

鹿　パイプひとつ,大きいのがありますよね。カッターとパイプとそれからハンマーか木槌(実際は金槌)か,そしてたがねと。さあ,これ使って,次この人はどんな工事に入りますか? まずいろいろ順番があると思います。こうしてこうして最終的にこうするんだということを相談してください。

F　パイプは切るよね,きっと。

K　うん,切るね。長いの。

F　カットするね。

K　うん。カットして…。

F　まずカット?

K　まず長さじゃない? まず長さを見て,どこまで切ろうかなみたいなのを考えて。

F　切ろうかな? でも木槌とかをどう使うかでしょ。

K　パイプ繋がないといけないでしょ。[1]

F　繋ぎますよね。[2]

K　うん。何で繋げるかだよね。[3]

(中略)

T　やっぱりこれ,長さ合わせて繋げる。[4]

鹿　繋げることをまず考える。

T　はい。

(中略)

K　で,何かで繋げないといけないじゃん? そのアイテムがないんだよね。[5]

F　何で繋げるんだろうね。わりと，はまるもんじゃないの？溝あるからさ。6

K　うん。

F　回したらはまりそうじゃん。

K　うん，確かにね。なんかネジ的な。

F　ペットボトルのキャップとか。

K　うーん。

F　穴開けるよね。

K　穴開けてボルトでとめるとか。ボルトじゃないな。

F　でも，ほら，これは穴を開けるためのものじゃん。穴開けてそのまま挿しっぱなしにするものじゃないでしょ。

K　うん。

鹿　うん，そうですね。穴開ける。じゃ，どうやって，Fさんなら，Kさんなら，あるいはIさん，Tさんなら。まず最初に穴開けるんです，この工事。何を使ってどうやって開けますか？

K　これ何だっけ，たがね？たがねを使って金槌で叩いて開ける。

鹿　金槌で叩いて開ける。はい。Iさんならどうしますか？

I　んー，とりあえずカッター使って，切り込みを入れてから，たがねで穴を開ける。

鹿　あー，なるほど。まずカッターで切り込み入れてから，たがねを使って。Tさんならどうしますか。

T　この2つ使って穴を開ける。

鹿　ハンマーとたがねを使って穴を開ける。

T　はい。

　これが，サブテキストを活用しながらメインテキストの未来を読み取る授業です。変換・要素関連づけ・外挿という，ビジュアルテキストを読み解くための基本的活動がきちんと行われています。また，問

題を共有し共に考えていく協同学習がここでも自然に成立しています(下線1～6)。

　次の節では，写真3－2の実際の未来がどうなっていくかを見ていきます。

3-5. ビジュアルテキストの時系列呈示

　未来を読み取る授業では，複数の写真を時系列に沿って用いていきます。この授業もそのように行いました。次に，前節の続きの授業を紹介していきます。

写真3－4(一部モザイク処理)

(写真3－4呈示)
　鹿　はい。じゃ次，まず次の作業どうするか。
　K　ここに穴開ける。

鹿　あー,ここに穴開ける。そうですね。何してますか？Tさん,何してますか？
T　この溝に穴を開けようとしている。
鹿　はい。道具何使ってますか？
T　金槌？だけですか？
鹿　そうですね,金槌だけですね。
F　引っ掛けだ。
K　金槌のみでいった。
鹿　うん,でもやっぱり金槌のみじゃダメですよね。
F　完全に,金槌の先が尖っているみたいな感じだから。
鹿　これです。(写真3－5呈示)

写真3－5(一部モザイク処理)

K　これ，中の鉄骨切るんじゃないの？
F　カッターで？
K　カッターで。
鹿　あー，よく見つけましたね。
K　鉄筋か？鉄筋。
F　太くはないよね。
鹿　今何してますか？
K　今，まわりを整えている。
鹿　道具は何々使ってますか？
K　金槌とたがね。
鹿　そうですね。たがねもやっぱり使うんですね。
F　やっぱりこのおっさん，煙草吸ってる。
鹿　そう，そういう小さいところね，意外とあとで効いてくるんですよね。
F　ガス工事だったら大変なことになる。
K　確かにね。
F　まずこれでないことがわかる。
鹿　少なくともここではガスは使っていない。えらいですよ，はい，次何すると思いますか？
K　次は，やっぱりこのカッターを使って鉄筋を切ると思います。
鹿　あーなるほど，はい。Ｉさんはどうですか。
Ｉ　はい，同じです。
鹿　はい。Ｔさんはどうですか。
Ｔ　同じです。
鹿　同じですか，はい，じゃ，次の作業を。
(写真3−6呈示)
K　意外に，違うところくるかも知れない。
F　先に切ると言ったの，おまえだからね。
K　何してるかわかんない。

F　煙草吸ってるかも知れない。煙の量的に。
鹿　煙草の煙ですか？
K　半端じゃないでしょ。
F　ヘビースモーカー。

写真3-6

鹿　これ何してるんでしょうね。
K　コンクリートを削ってる。
鹿　うんうん，何を根拠にそういう？
K　この砂ぼこりみたいな煙みたいなの。
鹿　が，コンクリートの屑みたいな？Ｉさんはどうですか？
I　そんな感じがします。
鹿　Ｔさんどうですか？
T　鉄筋を切ってるんじゃ。₁
K　鉄筋切り終わってるぞ，こいつ。₂
鹿　どうしてわかります？

F　あ，ほんとだ。[3]
K　落ちてますよ，鉄筋。[4]
鹿　はやーい，よく気がつきましたね。すごいなー。
F　すげぇー。[5]
鹿　すごい。鉄筋切れましたね。いや，ほんとにすごいですね。[6]
K　切っちゃった。[7]
F　めざといな。[8]
鹿　うん，見えました？
I　はい。
鹿　すごいと思いません？ちょっとすごいと思ったら，褒めてあげてください。これ気がつくのはすごいですよ。この砂煙の向こうに鉄筋切れているのを。そしたら今，何しているんですか？
F　形を整えている。
K　形整えていると思いますね。

　少し長い授業紹介になりました。それは，看図アプローチの長所を理解してほしかったからです。ビジュアルテキストの読解を取り入れていくと，学習者たちは大きな発見をしていくようになります。看図アプローチで授業づくりをすると「発見と感動」「発見に対する賞賛」が何度もうまれてきます(下線1〜8)。この感動と賞賛は，学習者のみならず，授業者も共有できるものです。これは看図アプローチの最大の長所なのです。このことによって学習者のやる気も，授業者のモチベーションも共に高まります。学習者と授業者が一体になった協同学習がうまれてくるのです。ここまで紹介してきた授業記録から，今回設定した認知領域の授業目標が充分に達成されていることもわかります。ビジュアルテキストの読解は，とても優れた協同学習ツールなのです。
　この授業の最終ステップは，「落口」工事の完了状態を予測してもらうことです。

写真3−7

写真3−7を呈示し,次のように発問します。

発問

　そこに黒板ありますから,こういう風にこう設置ししましたって,まずこれで業者さんが写真撮って報告書作りますよね。最終引き渡ししなきゃダメです。皆さんが業者ならどういう形にして最終引き渡ししますか,このあと。相談して,これで完璧だという形にする工程をちょっと説明してください。

　この発問を受けて,学習者は自由に討論していきます。討論の仕方はこれまでと同様なので授業記録は省略します。最後に工事の完成状態(写真3−8)を呈示し,まとめます。

写真3−8

鹿 じゃ，これが完成。

(写真3−8呈示)

K むっちゃ綺麗。
鹿 ほんとに綺麗ですよね，仕事が。
F 埋まってるからね。
K うん。
鹿 で，さっきIさん言ってくれたようにそこの水口のところ，綺麗にモルタルで塞いで，そして畦畔と言うんですね，土手のところ。畦畔を整えて，それで引き渡しです。

3-6.「ふりかえり」も看図アプローチ

せっかく看図アプローチで授業づくりをしているのですから，最後の「ふりかえり」まで看図アプローチでやってみることにしました。学習者には○がひとつ印刷されたワークシートを渡します。そのあと，次のようにして「ふりかえり」を行いました。

K　何だこれ，新鮮だぞ。
鹿　今授業受けました。今の感想をその○を使って絵にしてください。これはまだ相談しないで自分で。
F　なるほど。
K　うーん。絵にするんですか？
鹿　絵にする。
K　この○を使って？
鹿　はい。自分の感想を。
K　何か見えてくるんじゃないかな。
F　そういうやつ？
鹿　今の気持ちを表してくれればいいんです。
K　○を使って気持ちを表す？
鹿　はいはいはい。
K　やべ，小学生みたいになった。
F　それがおまえの心に咲いた花でしょ。
K　うん。いや，満開だよね，今ね。
F　なるほどね。
K　ちょっと絵が下手だけど。
F　Tさんの絵が気になる。
鹿　なぜこうなるか聞きたいですよね。
F　ぜひ説明をお願いしていいですか。
(中略)

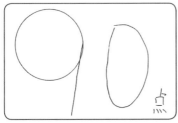
学習者Fの授業評価

学習者Iの授業評価

学習者Kの授業評価

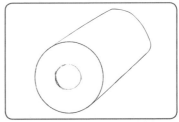
学習者Tの授業評価

T　とりあえず◎にして，あとはなんとなく。
鹿　◎はなんで◎にしたんですか？
T　なんか，こういう考える授業が最近なかなかなかったので。
鹿　考えるのがよかったということで◎？
T　はい。
鹿　これ，今，考える授業がよかったと言ったけど，90点って書いてあるんですけど。どうして90点って書いたと思います？
T　いやー，なかなか斬新で。
K　100点じゃないところがいいよね。
F　ま，初回なんだ。
鹿　初めてなのでね。
K　初めてで90点。
F　基準ですか。
K　うん。

F　高めの基準だね。
鹿　合格点には達している？まだパーフェクトじゃない。
F　次を見てから。
K　あ，厳しいね。
鹿　あ，次，やってもらえます？次回また。
F　機会があれば，ぜひ。
鹿　では来させてもらいます。ありがとうございます。そうですね，もう1回やってみたい。これどうですか？なんでこう？
T　いや，面白かったから。
鹿　面白かったから。うれしそうな顔をしている。どうですか？
I　いやー，最近やっぱりなんか，黒板ばっかり見る授業とか，そういうのが多かったので，こういうものを見て考える授業が少なかったので，なんかいい刺激になってよかったんで，はい。
K　来週もこれやりましょう。
鹿　来週やらしてくれたら，私…。
F　来週，学祭。大学祭。
K　じゃあ，その次を。
鹿　いいですか，ほんとに？ほんとに来ます。
(後略)

　というわけで，次の次の週に，本当にまた看図アプローチによる授業をすることになりました。これは，看図アプローチで授業をすると学習者の動機が高くなるということの証拠になるのではないでしょうか。また，授業記録からもわかるように，看図アプローチの授業では学習者の積極的な参加と協同の学びがうまれてきます。

第4章

協同学習ツールのつくり方

4-1. よいツールの条件
◆ある種の「わかりにくさ」

　前章までで，ビジュアルテキストを協同学習ツールとして活用した授業の実際を見てきました。ビジュアルテキストの読み解きは，協同学習を活性化する強力なツールになります。しかし，ビジュアルテキストであれば，どんなものでも協同学習ツールになるわけではありません。私たちは，協同学習ツールになり得るビジュアルテキストをつくっていかなければならないのです。この章では，協同学習ツールになり得るビジュアルテキストのつくり方を詳しく説明していきます。

　学習指導要領の改訂に伴い，教科書の内容も大きく変化しました。とくにビジュアルテキスト(非連続型)の量が，従来の教科書と比べて大幅に増加しました。これは，すべての教科に共通して見られる傾向です。さらに，豊富なビジュアルテキストを収録した数多くの補助教材も教科書会社等から発行されています。しかし，繰り返しになりますが，豊富なビジュアルテキストを用意したからといって，協同学習が自動的に繰り広げられていくわけではありません。また，質の高い学びにつながっていくわけでもありません。むしろ，ビジュアルテキストを導入することによって，受動的な学習を引き起こしてしまうことすらあるのです。

　新しくなった教科書や補助教材では，文章テキストの理解を補完する手段としてビジュアルテキストを活用しています。つまり，「見てわかる」ことを目的にしてビジュアルテキストを取り入れているのです。現行教科書等に掲載されているビジュアルテキストは，受け身の学習を引き起こしてしまう危険性ももっているのです。

　見ればわかるものをいくら見せても，そこから協同学習はうまれてきません。ビジュアルテキストでも文章テキストでも，ある種の「わかりにくさ」を備えている必要があります。学習者たちは，その「わかりにくさ」に直面して，協同の学びを始めていくのです。そして，個々人の「わかり方」を共有しながら学び合いを深め，自分たちの力で「わかって」いくのです。必要なのは，ある種の「わかりにくさ」なのです。

◆「え!?」を引き出す

　よい協同学習ツールをつくるために必要な，もうひとつの条件をおさえておきます。まず私の授業を受けた学生の感想から見ていきます。私立H大学で私が開講している「教育心理学」の授業を受けた学生の感想です。この学生は，私が授業の中で紹介した波多野他(1973)『知的好奇心』という本も読んでくれました。以下は，その本の内容とも関連づけた感想です。

　学生の授業感想

> 　教育心理学の授業では，毎時間設けられていたグループディスカッションの時間によって「集団内にはいろいろな考えの人が存在しうる」ということを実感した。確信のもてる自分の意見があったとしても，他の人の違った視点からの意見を聞いて納得し，それを踏まえて自分の意見を改良するということが多々あった。そして，話し合いをふりかえってみると，「働きかける人，待ち受ける人，やり取りする人，判断する人」のどれも，自分の中に見つけられた。学習者の能動的相互交渉の重要性を，この授業で身をもって感じた。

　私の授業ではビジュアルテキストを多用します。しかし，文章テキストも使うし，講義や発問もします。指示もします。様々なツールを使いこなして「え!?」と思わせる仕掛けをしていきます。授業中に何度も「え!?」と思わせていきます。「え!?」と思わせたら，まず学習者個々人に，その「え!?」を埋める情報を考えさせます。しばらく個人思考をさせます。それから小集団思考(グループ討論)をさせます。このような授業展開にすると，上にあげた感想文に見られるような協同学習がうまれてくるのです。よい協同学習ツールは学習者の「え!?」を引き出すものでなくてはなりません。

◆誰でもつくれる協同学習ツール

　教科書に載っているビジュアルテキストをそのまま眺めているだけでは，協同学習は成立しません。理科の教科書等には「うわー！」という感嘆の気持ちをよび起こすビジュアルテキストは載っています。しかし，「え!?」という疑問と意外性を感じさせるビジュアルテキストはきわめて稀です。より発展性のある協同学習をつくり出していくためには，「え!?」を感じさせる協同学習ツールを取り入れていかなければなりません。

　何度も言いますが，ビジュアルテキストのみが協同学習ツールになるわけではありません。私たちは，ビジュアルテキスト以外の協同学習ツールも開発しています。しかし，これまでの私たちの研究から，ビジュアルテキストとその読解はきわめて強力な協同学習ツールになることがわかっています。そのため本書では，とくにビジュアルテキストに焦点をあてて協同学習ツールのつくり方を説明していきます。

　ビジュアルテキストには，絵図やグラフ・動画等も含まれます。私たちの研究チームには，アーティストも加わっています。そのため私たちは，専属のアーティストが制作した絵図を協同学習ツールにすることもあります。しかし，一般の先生方がアーティストにツールづくりをお願いするのは難しいことだと思います。そこで，本書では，デジカメがあれば誰でもつくれる「写真」を協同学習ツールに仕上げていく方法を考えていきます。

4-2.「え!?」を写しとる
◆写真と発問をセットにする

　「え!?」と思わせる，ある種の「わかりにくさ」をもったビジュアルテキストが，よい協同学習ツールになります。前節では，そのことを説明してきました。よい協同学習ツールをつくる第一の秘訣は，教師自身が「え!?」と感じた光景を写しとることです。例えば，写真4－1のような写真です。

写真4-1(一部モザイク処理)

写真を撮り終えたら，それをモニターしながら発問を考えます。写真と発問がセットで協同学習ツールになります。すぐに答えが出てしまうような発問では協同学習になりません。発問もやはり「え!?」と思わせるものにしなければなりません。この写真を見ながら私が考えた発問は，次のようなものです。

発問
駅はどこにあるでしょうか。

　この発問によって，学習者の，写真を読み解く活動が始まっていきます。自然に，読み解き活動が始まっていきますから，最初は，学習者個々人で考えてもらいます。そのとき，「駅がどこにあるか，その推測の根拠も言えるようにしておいてください。」という指示もします。学習者の年齢に応じて，あらかじめワークシートを用意しておいてあげることもあります。ワークシートに，個人思考で行った「推測」や「根拠づけ」をメモさせます。メモ内容は，あとで討論するときの材料になります。個々人が，根拠のある推測をし終えたら，グループ討論に移ります。

◆ 多様な仮説をうみ出す写真

　討論では，いろんな意見が出てきます(写真4－2)。まず多いのは「写真右下点字ブロックの先にある」というA説です。実際に点字ブロックがその方向に誘導しているわけですから，A説はかなり説得力のある仮説になります。「点字ブロックの誘導」ということを根拠にすれば，B説も成り立ちます。しかし，B説は少数派です。C説も出てきます。C説は，比較的早い段階で棄却されることが多い仮説です。

写真4−2(一部モザイク処理)

　北海道で授業をすると，D説を主張する人が結構出てきます。点字ブロックは，写真上方にも人を誘導しています。しかもDに向かって雪が踏み固められた跡も写っています。これは明らかに，D方向に「何らかの目的地がある」という推測の根拠になります。雪を踏み固めた跡が，「何らかの目的地がある」ことの根拠になるのなら，E説も成り立ちます。D方向よりも幅広く踏み固められています。これは，Eとバス停を結ぶ歩道を，より多くの人が往復していることの証拠になります。しかし，点字ブロック誘導がE地点まで届いていません。点字ブロックが途中から雪で覆われて機能していません。これがE説の

欠点になります。

　1枚の写真から，これだけいろいろな読み取りができます。グループメンバーは，各自の仮説を出し合い，検証し合い，グループ全体の仮説を練り上げていきます。各グループの仮説がだいたい出揃ったら，「正解」を伝えます。

　「正解」は「E」なのです，この答えを聞くと，E仮説以外の人は，たいてい「えー!?」と言います。この「えー!?」は私が「○○駅前」の写真を撮るときに感じた「え!?」に近いものだと思います。ちなみに，Aはバス乗降地点につながっています。Bの点字ブロックは，そのまままずっと，次の曲がり角まで続きます。Dの方向には駐車場があります。

◆「え!?」と感じる写真を撮りつなぐ

　写真4－1の点字ブロックは，視覚弱者を駅まで誘導するために設置されています。なのに，駅にアクセスするための最も重要な部分が除雪されていないのです。この町は，弱者に対する配慮が少し足りないのかも知れません。その可能性もあると思って，写真4－1をもう一度見直してみてください。私は，この風景の中にある点字ブロックの「色」がとても気になりました。点字ブロックは，視力のない人だけが利用しているものではありません。弱視の人も利用するものです。弱視の人は，点字ブロックの鮮やかな黄色を頼りにして歩いているのです。しかし，この町の点字ブロックは「地」の色に同化してしまっています。このようなデザインは，弱視の人にはとても不便なものです。やはりこの町は弱者に対する配慮が少し足りないのかも知れません。

　そう思ってこの町を歩いてみると，「え!?」と感じるところがいろいろ出てきます。私が「え!?」と感じた風景をもう1枚写真にしておきました。写真4－3です。

写真4-3(一部モザイク処理)

　これは，写真4-1と同じ町で撮った写真です。写真4-3には，弱者にとってやさしくない部分が2つ写っています。最も「え!?」と思わせるのは，手前に写っている点字ブロック断裂です。この写真もとてもよい協同学習ツールになります。そこで発問です。

> 発問
> 　この点字ブロック断裂を解消するにはどうしたらいいでしょうか。最も親切な解消方法と不親切な解消方法を2つ考えてください。

この問題も，協同で考えてもらいます。解消方法はいくつか考えられます。最も親切な解消方法は写真4-4・写真4-5のようなものでしょう。

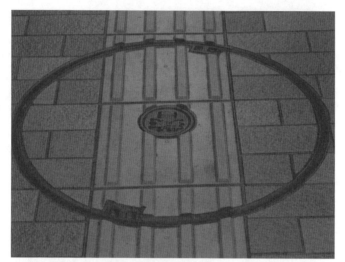

写真4-4

写真4-5(一部モザイク処理)

写真4－4は博多で，写真4－5は江別で撮影したものです。このようなやさしい配慮をしている自治体はたくさんあります。マンホールのふたに点字ブロックを貼り付ける。たったこれだけの配慮で解消できる「不便」なのです。もう一度写真4－1を見てください。写真4－1の中にもマンホールが写っています。しかもそのマンホールのふたには，美しい貼り付けが施されています。マンホールのふたにブロックを貼り付けるという発想は，この町の人ももっているのです。なのに現実には，写真4－3のような点字ブロック断裂をつくってしまうのです。たぶんこれは，タテ割り行政の弊害なのでしょう。

◆ ビジュアルテキストを批判的に読む

　もうひとつ「見事な」解消方法を見てみましょう。写真4－6です。

写真4－6

　実に「見事な」お役所仕事だと思わないでしょうか。写真4－6は水戸市で撮影したものです。写真4－6を見せると，ほとんどの人が「えー!?」と言います。私も「え!?」と思いつつ，この写真を撮ってきました。私は「え!?」と思って〇〇駅前の写真（写真4－1）を

撮りました。その「え!?」を出発点にして，写真を撮りつないでいったら，水戸市の「え!?」にたどり着きました。「え!?」と思いながら撮影してきた写真をつないでいくと，話し合いを活性化させる，とてもよい協同学習ツールシリーズがうまれてきます。

　私たちがこの章で見てきた写真は，「え!?」を感じさせるものでした。この「え!?」は，直感的な「疑問」を含んでいます。さらにもうひとつ「え，こんなことするの？」という批判的な気持ちも含んでいます。教師が「え!?」と思いながら撮影してきた写真は，ビジュアルテキストを批判的に読んでいく力も育ててくれます。

　現行の教科書では，国語・社会・美術などに「ユニバーサルデザイン」を取り上げた単元があります。本章で紹介してきた素材や発問の仕方は，ユニバーサルデザインを扱う単元で，協同学習ツールとして活用することができます。

4-3. 読解モード誘発発問をつくる
◆「よく見る」活動を引き出す

写真4－7

最近は，写真4－7のような設備をもっている学校もあります。運動部に入っている人の中には，この設備の用途を知っている人もいます。そのため本節では，「写真4－7の設備を見たことがない人が学習者である」と仮定して説明していきます。

　本書では，協同学習ツールのつくり方を説明しています。本書で紹介している協同学習ツールは，そのまま教室でも使えるものです。本書で紹介しているツールをそのまま活用してみてほしい，という願いを私はもっています。それと同時に，もうひとつ高いレベルの「志」ももっています。それは次のようなことです。

> 　本書の読者には，本書で紹介しているツール開発技法をひとつの「モデル」として理解してほしい。そして，本書で紹介している技法を「モデル」にして，自分の担任クラスに適した協同学習ツールを自分で開発できるようになってほしい。

　写真4－7に写っている設備の機能をすでに知っている読者は，協同学習ツールづくりの「モデル」を理解するつもりで以下の説明を読んでいってください。前置きが長くなってしまいました。本題に入ります。写真4－7とセットにして呈示する最初の発問です。

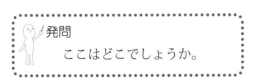
発問
　ここはどこでしょうか。

　学習者に，写真を「よく見て」ほしいときの指導方法をもうひとつ説明していきます。前述したように「写真をよく見てください」と指示しても，ほとんど効果はありません。写真を「よく見る」活動はうまれてきません。なぜなら，学習者たちは，「写真をよく見る」とはどうすることなのか，よくわかっていないからです。これは，学習者

が小学生であっても大学生であっても同じです。第2章では,「よく見る」活動を引き出すための指示の出し方を紹介しました。ここでは発問によって「よく見る」活動を引き出す方法を紹介します。発問されると,その答えを探すために学習者は写真を「よく見る」ようになります。「ここはどこでしょうか」と発問するだけでも,学習者は写真をよく見るようになります。しかしこれは導入発問です。そのため比較的短時間で「体育館」という正解が出てきます。そこで次の発問です。これも,写真を「よく見る」ことを促す発問です。

◆ 根拠を読み取らせる

> /発問
> ここが体育館だと言える根拠は何ですか。
> その根拠を3つ以上挙げてください。

この問題もグループで話し合わせます。この問題は,個人思考を省略していきなりグループ討論をさせます。その方が楽しい話し合いになります。これは一般的な協同学習の展開とは少し異なります。一般的な協同学習の組み立ては「個人思考から集団思考へ」という流れをもっています。しかしこれは,「協同学習はそうしなければならない」という規則ではありません。臨機応変に授業づくりをしていってください。

写真4-7は体育館です。その根拠について見ていきます。まず,床にラインが引かれています。いい根拠です。キャットウオークがあります。キャットウオークというのは体育館や劇場・工場などの上部や高所に設置されている狭い通路のことです。キャットウオークということばを知らなくても,写真4-7に写っているキャットウオーク部分に言及する学習者も出てきます。

キャットウオークは工場などにもあります。しかし写真4-7は明らかに工場ではありません。ですから高いところにキャットウオー

クがあるということは，ここが体育館であると主張するためのよい根拠になります。

写真の奥に写っている移動式のバスケットゴールに気づく人もいます。誰かがそれに気づいて発言します。そうすると，バスケットゴールに気づいていなかった人たちから「うぉー！」という賞賛の声があがります。先に見つけられてしまったことを少しくやしく思う人も出てきます。そのくやしさが，「写真をもっとよく見よう」とする動機づけになったりします。

◆ 適度な競い合いもOK

このような授業場面を，参観してくれた人から「協同学習って言っているのに，結局，競争になっているじゃないか。」という感想をもらったことがあります。皮肉たっぷりの感想です。「協同学習」を掲げた授業をすると参観者から，このような皮肉やトゲのある感想をもらうことが時々あります。でも，それでめげる必要はまったくありません。大事なのは皆仲よく楽しく学べることです。バスケットゴールを見つけられなかった人が，それで落ちこぼれるわけではありません。落ち込むこともありません。皆，協同で写真を読み解くプロセスを楽しんでいるのです。それに世の中，すべてが協同の原理で動いているわけではありません。協同学習の中に，ほどよい「競い合い」が入ってきたとしても，何も問題はありません。お互いが助け合う協同，互いに刺激し合う競争。そのバランスがとれていればいいのです。

◆ お互いを認め合える読み解き

話をもとに戻しましょう。ここは体育館です。体育館の採光窓は，普通高いところにあります。写真4－7を見て「採光するための窓が高いところにある」ということにも気づいたら満点でしょう。

採光窓そのものは，この写真には写っていません。しかし，この写真を協同で読み解いていくと，誰かが，床に写っている窓を見つけてくれます。また，これを見つけた人は「採光窓が高いところにある。

だからここは体育館だ。」ということをきちんと説明できます。

　床に写っている採光窓を見つけるのは，学力の高い子であるとは限りません。テストで高い得点を取れない子どもが，床に写った窓を見つけてくれることもあります。しかも，写真を手掛かりにして「光を採るための窓が高いところにある」という推論を堂々と述べてくれます。この発見と説明を聞いた人たちは，必ず「ほー！」という賞賛の声をあげてくれます。

　私たちが提案しているようなビジュアルテキストを使うと，普段はテストで高い点数を取れない子も活躍することができるのです。本書で提案している協同学習ツールを使うと，仲間同士で認め合う機会をたくさんつくってあげられます。

4-4. フォーカシング発問をつくる
◆ 拡散からフォーカシングへ

　前節では，1枚の写真を多視点から読み解かせる発問づくりを説明しました。この節では，写真を構成している要素のひとつにフォーカシングさせていく発問づくりを紹介します。

　前節では，「ここはどこですか」という問いに対する答えを探してもらいました。この発問によって，写真に写っている様々な要素を「よく見る」という活動が引き起こされます。この活動をするうちに，写真4－7に写っている諸要素の，ある部分に「ひっかかり」を感じてくれる学習者が出てきます。それは，体育館右側面に並んでいる「鉄板状のもの」です。そこにフォーカシングさせます。これも指示ではなく発問で行います。次の発問です。

発問

　職員がボタン操作をすると，この状態が変化します。どのように変化すると思いますか。また，この状態を変化させて何に利用するのだと思いますか。

写真4-7には,横幅が広い鉄板と狭い鉄板が写っています。それぞれ6段になっています。これらが,写真の奥に向かって等間隔で設置されています。たいていの学習者は,幅の広い方の状態変化と用途を予測してくれます。いろいろな予測が出てきます。小学生でもいろんな予測ができます。しかもかなり正確に予測してくれるグループも出てきます。他のグループより早く予測し終わったグループがあるときには,幅の狭い鉄板部分の状態変化と用途を考えさせておいてください。

◆ 納得させて次につなげる

　ここで正解を見てみましょう。写真4-8です。この観客席の構造がよくわかるように撮ったのが写真4-9です。

写真4-8

写真4－9

　私はこの光景に機能的な美しさすら感じてしまいました。擬音語で表すと「へー！」という感じです。この「へー！」は納得の「へー！」でもあります。しかし，納得が得られた授業は，そこで停滞してしまいます。そこで次の「え!?」を仕掛ける必要があります。授業中に何度も「え!?」と思わせる。そして学習者を授業に引き込んでいく。多段階動機づけシステムを導入した授業づくりをしていくことが大切です。

　次に，再び「え!?」と思わせながら，さらに想像力を引き出していく発問づくりを紹介していきます。

4-5. 想像力を引き出す発問づくり

◆ 想像してみましょう

　ここからはこの体育館の様子を，私と一緒に想像していってください。まず，写真4－8の観客席が全部セットされました。観客席は体育館の両サイドにあります。この席が全部観客で埋まり，ゲームが始まりました。やがて熱戦がひとつ終了し休憩時間になりました。そのとき観客は何をするでしょうか。

　隣とおしゃべりをする人もいるでしょう。ケータイやスマートフォンを使う人もいるでしょう。中には，「トイレを済ませておきたい」と思う人もいるでしょう。そこで発問です。

> 発問
> 　この体育館には，何個くらい便器があるでしょうか。

　これも意外な発問です。ですから，この発問をすると，学習者たちは，また「え!?」と言います。そして写真4－7・写真4－8・写真4－9を手掛かりにして，そこには見えていない便器の数を数え始めます。

　グループでの話し合いの中で，かなり正解に近い便器の数が出されてきます。しかし，ほとんどの学習者たちは，学校や駅のトイレイメージをもちながら話し合いをしています。そのため，この体育館のトイレ写真を見せるとまた「えー！」と言ってくれます。そのトイレが写真4－10と写真4－11です。

写真4-10

写真4－11

◆ 体育館と駅を比べてみる

　左側と右側合わせて，これだけの便器があるのです。体育館に行く機会がほとんどない私は，このトイレを見て思わず「うわぁー！」と言ってしまいました。この「うわぁー！」には２つの意味があります。ひとつは，「体育館って意外に多くの人が尿意をもよおす場所なのだ」という発見の「うわぁー！」です。

　例えば札幌駅などは，この体育館とは比べものにならないくらい多くの人が利用しています。ラッシュ時には，ひとつのホームだけでも，この体育館を満杯にしてもまだ余るほどの人であふれています。それでも札幌駅には，これほどたくさんのトイレは並んでいません。この体育館と札幌駅の便器の数の違い！

発問
　　体育館は尿意をもよおす場所なのでしょうか。

　この答えも協同学習を通して見つけ出していくことができます。もちろん個人で考えても納得のいく答えにたどり着くことができます。しかしグループで，協同で話し合っていった方が何倍も楽しく考えていくことができます。

◆ 結局，便器は何個？

　このトイレへは職員の方に案内してもらって行っています。撮影も職員の許可を得ています。こういう写真を撮影するときは，余計なトラブルに巻き込まれないよう，関係者の許可を得るようにしています。しかし，さすがに「女子トイレも見せて」とは言えませんでした。そのため，女子トイレの写真はありません。でも，写真４－10・写真４－11から女子トイレの数もだいたいは計算できます。

　写真４－10・写真４－11に写っている便器の数と推定した女子トイレの便器の数を足します。そうすると，「この体育館には，何個

くらい便器があるのでしょうか」という問いに答えることができます。

◆仕事の美しさを伝える

　先に，このトイレを見て「うわぁー！」と言ってしまったと書きました。その「うわぁー！」には２つの意味があると言いました。「うわぁー！」のもうひとつの意味は，「うわぁー！なんて美しい仕事なんだろう！」という感動の「うわぁー！」です。これだけたくさんある便器のひとつひとつが，ぴかぴかに保たれています。床に外光が反射して写真が撮りにくくなるくらい磨かれています。

　このトイレの掃除を担当する方たちのプロ意識が写真４－10・写真４－11から伝わってきます。こういうプロ意識が伝わってくる写真は，キャリア教育などにも充分いかしていけるものだと思います。次の章では，協同学習ツールの「いかし方」について説明していきます。

点字ブロックから見えるもの

　本章では，点字ブロックを題材に取り上げました。点字ブロックをテーマに「え!?」と思う光景をいくつか写真に収めてみました。点字ブロックを観察していくと，思いも寄らない光景に出会います。次の写真もそうです。

　この写真では，点字ブロック上に設置された鉄柱に緩衝材が巻かれています。「ぶつかってもケガをしないように」という配慮なのでしょう。

　この配慮は，徹底してなされています。次の写真を見てください。

　右のホームにも，左のホームにも，点字ブロック上に設置された鉄柱にはすべて緩衝材が巻かれています。ここまで徹底した配慮がなされているので，やむにやまれぬ事情があったのだと思います。
　それにしても，この点字ブロックを使う人の身になってみれば，これはやはり「え!?」と思ってしまう光景です。

第5章

協同学習ツールのいかし方

5-1.「授業づくりあたま」になる
◆「ついでに」ではなく

　協同学習ツールの「いかし方」について説明していきます。協同学習ツールにするのは，引き続き写真です。私は「チーム鹿内」が撮影したオリジナル写真をいつも使っています。「チーム鹿内」のアートスタッフは，協同学習ツールに使える写真をたくさん撮ってきてくれます。しかし，私の場合，協同学習ツールとしていかせる写真が撮れるときと，まったく撮れないときがはっきりしています。私は以前，学会で山口に行きました。山口は歴史と文化のまちです。そのため，写真に撮っておきたくなる風景があちこちにあります。学会出張のついでに，私はたくさんの写真を撮影してきました。大学に戻ってから，それらをじっくりと「よく見て」みました。しかし，残念なことに，協同学習ツールとしていかせる写真は1枚もありませんでした。どの写真も，普通の観光で撮ってくる記念写真のようなものばかりでした。何かの「ついでに」撮ってきた写真は，よい協同学習ツールになりません。逆に，「授業づくりあたま」になって撮ってきた写真の中に協同学習ツールにいかせる写真がたくさんあります。

　いかし方を考えながら撮ってきた写真はいかせるのです。あたりまえの理屈なのですが，この原理を見つけるのにも，結構たくさんの試行錯誤を繰り返しています。いつも「授業づくりあたま」になって物事や事象を見ていることが大切なのだと思います。

◆「授業づくりあたま」とは

　ここまで私は，「授業づくりあたま」という，少し「ふにゃふにゃ」したことばを遣ってきました。ここで，このことばの意味をきちんと整理しておきましょう。私は，2つの意味をもたせて「授業づくりあたま」ということばを遣っています。

　ひとつは，「この教科でこういう能力を伸ばすためにこの写真を使いたい」という明確な目的意識をもつことです。こういう目的意識をもって，協同学習ツールとしていかせそうな写真を撮っていきます。

それが「授業づくりあたま」になって写真を撮る、ということです。

もうひとつの意味は、「その写真を用いて、こういう発問をし、こういう活動を引き出す」という授業の組み立てを考えることです。協同学習ツールにいかせる写真が撮れたときは、自然に授業の組み立ても見えてくるものです。いい写真が撮れたから、いい授業を組み立てられるのかも知れません。しかし、授業の組み立てを常に意識しているといい写真が撮れるというのも確かなことなのです。

◈「授業づくりあたま」を整える

ここでは中学校の社会科を取り上げてみましょう。中学校「社会」の学習指導要領では、次の内容を取り扱うことになっています。「景観写真の読み取りなど地理的技能を身に付けること(文部科学省 2008)」。社会科では、景観写真の読み取りを地理的技能のひとつと考えているのです。私たちが提案している協同学習ツールは、どんな教科の指導にもいかしていけるものです。しかし、「景観写真の読み取り」は、私たちのアプローチを最も適用しやすい領域です。そこで、この領域を取り上げて「協同学習ツールのいかし方」のデモンストレーションをしていきたいと思います。

私たちは、学習指導要領に準拠した協同学習ツールをつくろうと心掛けています。そこで、景観写真を読み取らせるためのヒントを『中学校学習指導要領解説(文部科学省(2008)』の中に探してみました。少し長くなるのですが引用してみます。

> 景観から読み取った地理的事象を追究すると、他の要素も有機的に関連付けられ、地域的特色をとらえ、地域の課題を総合的に見いだし、考察する基本を学習することができる。一方、景観は現実、現状そのものであり、地図や統計などのようにある規則の下に必要なものだけを取り出すといった作業を経ておらず、このため、様々な事象が取捨選択されることなく存在し広がっている。それだけに、どのような事象に着

> 目し何を捨象するか，取捨選択して残った事象を位置や空間的な広がりとのかかわりでどのようにとらえるか，すなわち，地理的事象としてどう見いだすかといった能力が問われることになる。したがって，そうした学習は景観をみる観察眼を磨き，地理的事象を自ら見いだす能力を培う上で効果的である。(文部科学省 2008)

　この引用には，たくさんのことが盛り込まれ過ぎています。そこで私は，この解説を私なりにまとめ直してみました。景観写真読み取りの指針になるように，次の2つにまとめてみました。

> 1) ある事象に着目し，景観写真から，情報を取捨選択する。
> 2) 景観写真から選択した情報と，他の要素(例えば，学習者がすでにもっている知識など)を関連づけ，地域の特色を把握する。

　私は，この2つを指針にして授業づくりをすることにしました。そして，その授業にいかせる協同学習ツールをつくることにしました。この指針にしたがえば，「どの事象に着目」するかを，まず決めなければいけません。学習指導要領解説には，次の文章が入っていました。「景観は，…人々の営みを総合的に反映している(文部科学省2008)。」

　私は，人々の日々の営みに絶対に欠かせないのは「水」だと考えました。そのため私は，着目する事象を「水」にしてみました。

　水に着目することに決めてから，私は，「水」をキーワードにした景観写真をたくさん撮影してきました。いろいろなところに行ってきました。本書で紹介していくのは，そのうちのひとつです。場所は郡上八幡です。

　郡上八幡は清流のまちです。しかし，清流のまちに行けば水に関係する協同学習ツールを簡単につくれるわけではありません。私は，郡

上八幡に行く前に『水の恵みを受けるまちづくり－郡上八幡の水縁空間』(渡部 2010) という本を何度も読み込みました。もちろん，インターネット情報も充分に調べ尽くしました。関連する本も何冊か読みました。現地に行く前にすでに「授業づくりあたま」を整えています。そういう「授業づくりあたま」をもちながら，私は郡上八幡を歩き回り，たくさんの写真を撮ってきました。

◆「授業づくりあたま」で歩き回る

　郡上八幡は町内に水路が張り巡らされています。水路を流れる水は，人々の生活を支える水でした。水路の水は，小駄良川や吉田川に流れていきます。小駄良川は吉田川に合流し，その先で長良川となっていきます。郡上八幡はどこを流れている水も，澄んだ美しい水でした。

　この水環境は，かつて，生活排水等で汚染され「大きな危機に遭遇」していました。そのことも『水の恵みを受けるまちづくり』という本を読むとわかります。郡上八幡の人々は，大きな努力を重ねて清流を取り戻してきたのです。そしてまたさらに大きな努力を重ねて，取り戻した清流の保全をしています。そのおかげで，今では，郡上八幡の「水」は「まちづくり」を支える貴重な資源になっています。

　郡上八幡を歩いていると，水を被写体にした美しい写真をたくさん撮ることができます。しかし最初のうち，私が撮れていたのは，ほとんどがただの「観光写真」でした。中には，授業で使えそうな写真もまじっています。しかし，それも，見ればわかる「資料写真」にすぎませんでした。私がほしいのは，読み解きができる協同学習ツール写真なのです。

　私は，次のようなことが読み解ける写真を撮ろうとしていました。

> 水が生活の中にとけこんでいる。住民が努力して水環境の保全に取り組んでいる。水がまちづくり資源になっている。等々。

第5章　協同学習ツールのいかし方

　こういう多様な要素を1枚に写し込めたら，きっとよい協同学習ツールになると思います。そんなことを考えながら写真を撮り続けていて出会った，とっておきの風景があります。次に，その風景の写真を載せておきます。そして，その風景の協同学習ツールとしてのいかし方を紹介していきます。

5-2. いかし方のモデル
◆ 郡上八幡写真のいかし方
　郡上八幡で出会った，とっておきの風景が写真5-1です。

写真5-1

この写真を協同学習ツールとしてどのようにいかしていくか。その「いかし方」を説明していきます。「いかし方」と言っても，特別な工夫はありません。写真5－1が撮れた時点で私の「授業づくりあたま」は全開になってしまいました。そのため，ごく自然に授業の組み立てが見えてしまいました。あとはその組み立て通りに実施してみるだけです。そして協同学習ツールとして役立つかどうか確かめてみます。

　私が日常的に授業をしているフィールドは大学です。そのため私は，新しい授業理論や教材を思いつくと，まず大学生を学習者にして実験授業をしてみます。その授業がうまくいったら小中高でも実践できるようにアレンジし，実践可能性を広げていきます。大学生でうまく授業にもち込めた新しいアイデアはたいてい，小中高の授業にもいかしていくことができます。その際，大学生に対して行った授業を様々にアレンジしていく工夫が大切になります。

　私は大学生で実験授業をするときでもワークシートを作っています。そうしておけば，そのワークシートの組み立てをアレンジして小中高生用の授業づくりにいかしていけます。

　私が写真5－1の風景に出会って作ったワークシートを載せておきます。ワークシートは記入欄を省略して，項目だけ載せておきます。写真5－1と，このワークシートがセットで協同学習ツールになります。

ワークシート

1. 郡上八幡では，「水」を観光資源にしています。写真を見て「郡上八幡は水を観光資源にしている」と主張できる根拠をできるだけたくさん見つけ出し，下の欄にメモしてください。(まだ文章化しなくていいです。)
2. 「郡上八幡は水を観光資源にしている」と主張できる根拠を，各自の個人メモを参考にしながらグループで討論し整理してください。 討論内容は適宜下の欄にメモしてください。
3. グループ討論が終わったら，「郡上八幡は水を観光資源にしている」という結論をもつ説明文をまとめてください。 まとめるとき，グループメンバーの意見も参考にしてください。
4. グループで話し合ったり，写真を読み合ったりすることで，どのような発見がありましたか。

第4章で体育館の写真を紹介しました。そこでは学習者に「ここは体育館である」と主張するための根拠を挙げてもらいました。これは写真を「よく見る」ように仕向けていく方法です。ワークシートの第1の項目は，その方法をいかしたものです。第2の項目はグループ討論するようにという指示です。

　第3の項目は，学んだ内容を発信させる欄です。協同学習では，楽しく助け合いながら学んでいくことが大切です。しかし，それだけでは不充分です。学んだことを自ら発信していくことも大事です。発信力は，最近提案されている様々な新しい学力観に，必ずと言っていいほど取り入れられているものです。『学習指導要領解説－社会編－』にも次のような記述があります。

> 地域的特色を追究するための適切な課題を設定し，様々な資料を適切に活用して地域的特色を考察し，追究した過程や結果を適切に表現するといった学習活動を，生徒に実際に取り組ませるようにすることが大切である。(文部科学省 2008)

　もちろん，学習者たちは，グループ討論時に，各自の意見を仲間に発信しています。しかし，それだけでは不充分なのです。仲間の様々な意見も取り入れつつ，自らの学びをまとめ上げ，それを成果として発信していく力が求められているのです。効果的な協同学習ツールは，このような発信能力を育てるものでなくてはなりません。

　写真5－1と上掲のワークシートは，周到な準備と「授業づくりあたま」でつくり上げた協同学習ツールです。そのため，写真とワークシートを渡すだけで協同学習を行わせることができます。今回の学習者は大学生ですので90分の実験授業を行いました。ワークシート項目1〜4の各項目への時間配分も学習者に任せてあります。これをモデルにして，小中高の授業もつくることができます。しかし，必要な配当時間は学年が下がるにつれて多くなります。

5-3. 協同学習ツールの効果
◆ 2種類の発見

　協同学習ではたくさんの発見が得られます。そこでワークシート第4の項目(ふりかえり)では「どのような発見」があったかを書かせています。学生1は次のような「ふりかえり」を書いてくれています。

　学生1のふりかえり

> 　自分では気付かなかった，柵がなく水と触れ合いやすくなっていることなど，写真からわかる発見がありました。さらに，写真からわかったことを皆で読み解き「この川はレジャースポットにもなり得る」などという深い部分までの発見をすることができました。

　この学習者はとても大事なことを言っています。それは，このような協同学習ツールを用いると2種類の発見があるということです。この学習者のことばで言うと「写真からわかる発見」と「深い部分までの発見」です。学生1が書いてくれた第3項目の説明文も載せておきます。

　学生1の説明文

> 　写真を見てすぐに気付くことは，とにかく水が綺麗であるということです。水が透き通っており，底をも見ることができます。奥の方に山が見えるので，綺麗な水はこれらの山々から流れてきていると考えられます。
> 　写真に写っている川が非常によく整備されていることにも注目です。置いてある石は丸く，転んでも痛くなさそうで安心です。川沿いの道や川へと続く階段もしっかりしていて，近所の人も，川に遊びに来た人も下へ降りやすく，歩きやすくなっています。川の中も，浅いところがあったり流れが速いところがあったりと，様々な工夫がなされており，子ども

> などが川で遊べるレジャースポットにもなり得ます。また，写真を見る限り柵がなく，水と触れ合いやすい工夫もしてあります。その整備の成果は，写真の中の川辺で座り込んで川を見ている人が物語っています。
>
> 　川の周辺の雰囲気ある建造物も魅力のひとつです。川沿いの家々に注目すると屋根は瓦屋根で壁は白く，渋く和風な雰囲気をつくりだしています。また，写真奥の橋もただの橋ではなく，アーチ橋となっており，川の周辺の景観を損なうことがありません。以上3点が郡上八幡が水を観光資源にしていることの根拠です。

◆ 知のポンピング

　学生1の「説明文」「ふりかえり」およびその他の学生たちの「ふりかえり」をデータにして，学生たちの学びのプロセスを分析していきます。

　まず学生1が言っている「写真からわかる発見」ということについて少し説明します。人は，誰かから「写真を見て」と言われても，その写真をちゃんと見ることができないのです。例えば，学生2は次の「ふりかえり」を書いてくれています。

学生2のふりかえり

> 　一人で見たときは緑が多いな，くらいにしか思わなかったが，話をする中で，木の生え方や緑のある場所が変では？偏っているのでは？という考えが出てきました。

　この学生が言っているようにひとりで写真を見ていると「緑が多いな，くらいにしか思わない」のです。ところが，写真5－1を協同で読み解くと，すごいことが起こってくるのです。学生3は次のような「ふりかえり」を書いています。

学生3のふりかえり

> これだけの写真なのですが，自分の気付かなかった部分がたくさんあったことに気付きました。誰かの発見がきっかけになり，そこに注目することで別な人が，もっと深読みをしたりとそれぞれの発見以上の発見が話し合うことでうまれていました。

　写真5－1のような写真でも，学生3にとっては「これだけの写真」にすぎないのです。写真に写っているものが見えていないのです。それが普通なのです。しかし，協同で写真を読み解いていくと事態は一変します。誰かの発見や発言がきっかけとなって，今まで見えていなかったものが次々と見えてくるのです。1枚の写真の中から，どんどんいろいろなものが吸い上げられてくるのです。まるでポンプで汲み上げているように，次々と発見が飛び出してきます。このような発見のうまれ方を，私は「知のポンピング」とよんでいます。

　学生1が書いてくれた説明文の中では，次の記述がポンピング現象にあたります。「写真奥の橋もただの橋ではなく，アーチ橋となっており」。学生1はグループ討論の中で初めて，このアーチ橋に気づいていました。協同学習することによって，写真のずっと奥に写っている「アーチ橋」をポンプで汲み上げることができたのです。そのようにして汲み上げた知識を学生1は自らが書いた説明文の中に取り入れています。これが協同学習による「知のポンピング」の効果です。

◆ 知のジャンピング

　さらに学生4は次のような「ふりかえり」を書いています。

学生4のふりかえり

> 自分一人ではあまり根拠を見つけ出せなかったが，グループ討議によって違った視点から考えることができた。また，お互いに見つけた根拠を発表し合うことで，相乗効果として

> 新たな根拠を見つけることができた。

　学生4が言っているように，協同学習をしていると「違った視点」にジャンプしていけるのです。学生たちは，様々な視点にジャンプします。ジャンプして得られた多様な「考え」を結びつけていきます。そして，自分なりの新しい「認識」をつくり上げていくのです。これは「創造」と言ってもいい活動です。きちんとした根拠をもちながら，考えを飛躍させて「発見」にたどり着いていくのです。これを私は「知のジャンピング」とよんでいます。上に載せた学生1の説明文では「子どもなどが川で遊べるレジャースポットにもなり得ます。」という記述があります。この部分が知のジャンピングにあたります。写真5－1には子どもたちは写っていません。しかし実際には，写真5－1の場所は，夏になると子どもたちの遊び場になります。学生1は写真5－1に写っていない場面にも正確にジャンピングしているのです。

◆ 協同学習におけるポンピングとジャンピング

　「ポンピング」「ジャンピング」という考え方は，Knollという人たちの論文(2011)をヒントにしています。Knollらの研究は，協同学習とはまったく関係のない文脈で行われています。そういう研究を手掛かりにして，私が新たに協同学習の理論として整理し直したものです。これは，協同学習の有効性をよく説明してくれる考え方だと私は思っています。なぜなら，協同学習ツールをいかした授業を受けた学生たちも，そこでポンピングやジャンピングが起こっているということに気づいているからです。さらに，ポンピングやジャンピングが学びの楽しさや面白さの原動力になっているということにも気づいているのです。ポンピングが起こっているということの気づきは，上掲の学生3の「ふりかえり」にも書かれていました。さらに学生5は次のような「ふりかえり」を書いています。

学生5のふりかえり

> グループ学習の度に思うが，他の人の意見と自分の意見を複合すると，とても納得する答えが見つかります。さらに写っている場面ばかりでなく，その外側を予想する力も見出せることがとても面白いです。

　この学生は，2種類のジャンピングがあることを指摘しています。ひとつは，他人の視点にジャンピングすることです。こういうジャンピングが起こるということは，本節ですでに説明してあります。学生5はもうひとつ大切なジャンピング現象を指摘してくれています。それは写真(ビジュアルテキスト)の外側にもジャンピングできるということです。そういうことが「とても面白い」と言っているのです。
　写真5－1の「外側」に見事にジャンピングしてくれている学生6の「説明文」を見てみましょう。

学生6の説明文

> 　川が綺麗で，さらに川に家が近いということは，いつでも川に行くことができ，掃除などを行うことができるために綺麗であるということである。また，人工的なものがほとんどなく，緑も多く，山も近くにあるため，自然が大変多くなっている。近くに大きい通りがないが，ちょっとした駐車場があり，川に行けるようになっている。川辺の道がアスファルトではなく石畳になっているため，昔のままのような趣を醸し出している。川が澄んでいるため川から見渡すすべてが景色になる。また，橋の上から澄んだ綺麗な川を見ることができる。

　「橋の上から澄んだ綺麗な川を見ることができる。」この最後の1行が見事なジャンピングなのです。学生6は，次のような「ふりかえり」を書いています。

学生6のふりかえり

> グループで話し合うことによって,自分ひとりでは見えなかった景色が見えるようになりました。写真を見ることによって,写真から切れている先には何があるのか？などという想像力を養うことができると思いました。

　この学生は,協同学習によって見えなかった景色が見えるようになったのです。「写真から切れている先」にもジャンピングできるようになったのです。

写真5－2

写真5－2を見てください。この橋は，写真5－1を撮った場所です。実は，写真5－1は，この橋の上から見渡すと「すべてが景色になる」ように設計された風景だったのです。学生6は写真から切れているその先に，正確にジャンピングし，見事な発見をしているのです。写真5－1には写っていないこの橋をちゃんと見ることができているのです。

◆ 協同学習ツール「いかし方」のポイント

　写真5－1は，たくさんの要素が写しとられた写真です。こういう写真は，見る人に発見をもたらす可能性が高い写真です。しかし，そういう写真を用意するだけでは不充分なのです。教師は，学習者ができるだけたくさんの発見をするように導いてあげなければいけません。学習者の発見を導くツールが発問や指示になります。

　写真5－1を示しながら次のような発問や指示をすることも可能でしょう。「水環境の保全はどうなっているでしょうか」「水が生活の中にとけこんでいる様子を述べてください」。これらはよくある発問や指示です。しかし，このような発問や指示をひとつひとつしていっても発見はうまれてきません。とくに「水が生活の中にとけこんでいる様子を述べてください」のような指示は，発見の面白さを引き出してはくれません。この指示だとポンピングもジャンピングも起こらないからです。やはり「郡上八幡では，『水』を観光資源にしています。写真を見て，『郡上八幡は水を観光資源にしている』と主張できる根拠をできるだけたくさん見つけ出してください」という指示が一番いいのだと私は思います。これをもとにグループ討論させることによって，説明文をまとめるために必要な深い情報を汲み上げるポンピングが起こりやすくなります。また，写真が切れた先にあるものにジャンピングすることも可能になります。

　発見のタネを仕込んだ写真を用意しておくこと。発見のタネを芽吹かせる発問・指示を用意しておくこと。このことがよい協同学習ツールのつくり方いかし方のポイントになります。

5-4. どこへ行くのでしょうか
◆いかし方のバリエーション

　私は，学校での学習だけではなく家庭学習・生涯学習のサポート活動も続けています。そういう活動の中から，少し変わったスタイルで続けているサポート例を紹介していきます。

　この試みに参加してくれているのは，40歳になった女性Fさんと夫，そして小学校1年生の一人娘Kちゃんです。Fさんは私がよその大学で教えたことがある，ずっと前の学生です。ある日，そのFさんから手紙をもらいました。「鹿内が書いた『看図作文指導要領』という本を読んだ。面白かった。もっと看図作文について勉強したい。」という内容でした。Fさんは，教育畑にいる方ではありません。主婦業をこなしながら事務の仕事をしている方です。

　20数年も前の学生です。しかも，よその大学の学生だった人が，いまだに手紙を送ってくれるのです。さらに，勉強したいと言っているのです。私は，なんとかしてFさんの向学心に応えてあげたい，と思いました。そこで，メールに絵図を添付して看図作文を書いてもらう，という方法をとることにしました。人は加齢に伴ってだんだん頭が固くなっていきます。Fさんも最初の頃は，絵図の読み解きが充分にできませんでした。私は，少しずつほめながら，なんとなくわかるように，何度も「ダメ出し」をしていきました。Fさんの向学心はどうやら「本物」のようでした。何度も「ダメ出し」されても「ではもう一度」「ではもう一度」と言って，その都度作文を書き直して返信してくるのです。もちろん，「ダメ出し」するとき，私は「こうしたらいいよ」というサポートを必ずしています。

　こういう試みを繰り返しているうちに，Fさんは，面白いことを始めました。絵図の読み解きに夫や娘を巻き込み始めたのです。いつの間にかFさんの家では，親子3人の協同学習が始まっていました。仕事で夫の帰宅が遅くなるときもあります。そういうときは娘さんとの協同学習の成果をメモにして，夫のパジャマの上に載せておくのだそうです。私は今，とても微笑ましい協同学習のお手伝いをさせても

らっています。これまで，協同学習は「学校」をフィールドにして実践されることが多かったように思います。しかし，私たちが開発してきた協同学習ツールは，家庭学習や生涯学習にもいかしていけるものなのです。次に，最近Fさんに送った写真と発問を載せておきます。

写真5－3

> 発問
>   「この人たちはどこへ何をしに行くのか」という問いに対する答えを含む作文を書いてください。短作文でいいです。

　Fさんは，看図作文のレッスンを数カ月続けています。そのためビジュアルテキストを読み解く力がかなりついています。次に載せるのは，Fさんが写真5－3を読み解いてまとめた作文です(段落番号は，あとでする解説に便利なように鹿内が付けたものです)。

Fさんの作文

> 1) 石が敷き詰められた遊歩道の上を裸足で歩く人の様子から，この場所は裸足で歩くことが前提で造られた歩道である。
> 2) 足裏に適度な刺激を与えることで健康に良い影響が期待できるとされている「健康遊歩道」で，周辺の木々や花壇の様子から公園の一角であると思われる。
> 3) 花壇の形が弧を描いているので，この遊歩道は円形にぐるりと一周できるようになっている。花がカラフルに規則正しく植えられて円形になっているので，この花壇はおそらく花時計になっていると思われる。
> 4) 遊歩道を歩く2人は，この遊歩道のスタートの際に靴を脱いでいる。女性は片手に紙コップを持っているので，スタート地点には腰をかけて靴を脱いだり荷物を置いたり，飲み物を購入できるようなスペースがあると思われる。したがって2人が向かっているのは，円形の遊歩道に入るスタート地点で，休憩所のようになっている場所である。

Fさんはほぼ完璧に写真5－3を読み解いています。上掲の作文は「できました！」というタイトルのメールに添付されてきました。そこで私は，早速次のような返信をしました。

📩メール from 鹿内 to Fさん

> 本当に「できました！」ですね。満点です。すべてを読み解けています。すごい成長ですね。感心しました。満点だということの「証明写真」をあとで送ります。

Fさんへのレッスンは，「鹿内が時間をとれるときだけ」ということを了承してもらって続けています。本当はすぐに「満点の証明写真」を送ってあげられればいいのですが，とりあえず上掲のメールを送っ

ておきました。このメールに対して次のような返信がその夜届きました。

□メール from Fさん to 鹿内
満点にビックリと大喜びです!!帰ってから夫に話して大騒ぎしました(ニッコリ)。

　家族が協同で学び合い，家族が共に喜び合う。そういう生涯学習をFさんはつくってくれています。Fさんへのレッスンを通して，私は，私たちが開発している協同学習ツールのいかし方はいろいろあるということを再確認できました。
　もちろん，40歳過ぎてなお，向学心をもち続けているFさんがまず立派です。実際にFさんは，この数カ月のレッスンでビジュアルテキストを読み解く力が大きく向上しています。Fさんが写真5－3から読み解いたことがすべて正しいということの証明写真を以下で見ていきます。
　1段落目。「この場所は裸足で歩くことが前提で造られた歩道である」。まったくその通りです。その証明写真を2枚載せておきます。年配の方も若い人も裸足で歩いています。

写真5－4

写真5-5

2段落目には、次の2つのことが書かれています。「健康遊歩道」「公園の一角」。これも正解です。証明写真を載せておきます。

写真5-6

写真5-7

3段落目では,ここは「花時計」になっていると主張しています。まったくその通りです。写真5-3は土肥というところにある,自称「世界一の花時計」です。これも証明写真を載せておきます。

写真5-8

4段落目も正解です。「2人が向かっているのは、…休憩所のようになっている場所である。」とFさんは書いています。写真5-9を見てください。右側に写っているのが案内所兼休憩所です。

写真5-9(一部モザイク処理)

以上の「満点証明写真」を送ったら、Fさんからまたメールが届きました。

📧 メール from Fさん to 鹿内
> 沢山の写真を添付していただきありがとうございます!
> びっくりしました。
> なるほど、なるほど、と、嬉しくなりました。
> ただ想像するだけでなく、ヒントから様々なことを導き出し、
> 想像したことの根拠を探して、矛盾がないかよく考えて、
> そして組み立てるという感覚でした。
> 物凄く面白いです。

「嬉しくなりました。」「物凄く面白いです。」ということばがとても印象的な感想メールです。ここで紹介した写真と発問は生涯学習を協同で行っていくための，よいツールにもなるのです。この節のタイトルは「どこへ行くのでしょうか」です。私たちが提案している協同学習ツールは，学校での学習・家庭学習・生涯学習，どこにでも行くことができます。そしてどの領域でもいかすことができるのです。

5-5.「見学」指導へのいかし方
◉ 見学事前指導の工夫

私はこの本で，見る教材(ビジュアルテキスト)の「見方」について説明してきました。「見方」の指導は，学校教育のいろいろな場面でなされているはずです。とくに「見学」は，「見る活動」によって組み立てられている授業です。そこで私は，見学授業の中で，「見方」の指導がどのようになされているかを調べてみました。調べていて，見方の指導を意識的に取り入れた見学授業はとても少ないということに気づきました。むしろ，見学授業のあり方に対する次のような批判が印象に残りました。

> 教師というものはとかく，自分自身の立てた枠だけのなかで子どもたちを動かしていこうとする方向で，見学・調査の抽象化・教材化を行いがちで，結果的に，子どもたちの自主的で具体的な追究への手がかりを失わせている場合が少なくありません。(清水他 1990)

多くの先生方は見学の指導方法をもっていないのかも知れません。「追求(究)的に物事を見る」活動を引き出すのは難しいことです。本書の各章で指摘してきたように，「写真をよく見てください」と指示しても，写真をよく見る活動はうまれてきません。見学も同じです。現場に子どもたちを連れて行って，「よく見なさい」と言っても，よく見る活動はうまれてきません。高田他(2006)も，見学指導が抱え

ているこういう問題に気づいています。そしてこの問題を解決するために次のような提案をしています。

> 実際の見学・調査活動へ行く前の段階で，活動をより効果的に展開するための観察の観点が，学習者個々に意識される必要がある。(高田他 2006)

　見学に連れて行く前に，「観察の観点」をもたせる指導が必要なのです。もちろん，このことに気づいている実践家もいます。また「観察の観点」をもたせる工夫をしている実践もいくつか報告されています。その中で私が面白いと思ったのは，高橋 (2007) の実践です。高橋は見学の事前指導においてビジュアルテキストを活用しています。高橋はビジュアルテキストから，児童の問題意識を引き出し，その問題を見学時の観点にさせています。

　高橋が見学場所にしているのは「かまぼこ工場」です。また高橋が見学事前指導のために用意したビジュアルテキストは，かまぼこ工場の「工場内配置図」です。この手続きについて高橋は次のように解説しています。

> まず，実際に見学してみないと解決できない問題をもたせたい。そこで，「工場内配置図」を提示した。これには，学習のねらいとなる「かまぼこ作りの工夫」を考える手がかりが含まれている。かまぼこ作りと結び付かない部屋が含まれているのがミソである。(高橋 2007)

　高橋は，「ある種のわかりにくさ」を含むビジュアルテキストを活用しています。わかりにくいビジュアルテキストを見ることによって子どもたちは，「かまぼこ工場にシャワー室がある意味が知りたい」等々の問題意識をもつようになります。その問題意識が，見学の現場に行ったときの「観察の観点」になります。

「〜を知りたい」という表現は、見ることに対する動機が高まったということも意味しています。高橋は「工場内配置図」というビジュアルテキストを読み解かせることによって、見学に対する動機づけも行っているのです。高橋の実践は、私たちが本書で紹介してきた方法と発想が似ています。私たちが提案している協同学習ツールは、見学の事前指導にもいかしていけるのではないでしょうか。本節では、その可能性を探っていきます。

◆ 協同学習ツールをいかした見学事前指導

　本書で紹介してきた協同学習ツールをいかした見学授業をつくってみました。学習者は大学生です。今回の見学授業は2コマ配当でつくりました。1コマは、協同学習ツールを用いた見学事前指導です。もう1コマは、実際に現地へ行って行う見学です。授業者は鹿内です。
　前節では「どこへ行くのでしょうか」というテーマで、協同学習ツールのいかし方を説明しました。見学の事前指導も、基本的には、このやり方と同じです。ある写真を示して、「どこへ行くのでしょうか」と問いかけます。実際の授業で用いた写真と発問を載せておきます。

写真5－10

> 発問
> 　見学場所はすごく近いんですけども，この学校の中にあります。で，そこにこういうものがあります。この写真から見学場所がどこか想像してください。

　写真5－10は，普通の非常ベルです。たったこれだけの写真ですが，これを協同学習ツールにすると，見るべきこと・考えるべきことをたくさん汲み出していくことができます。ポンピングしていけるのです。以下に写真配付後になされた学生たちの授業記録を載せておきます。この授業は5人グループによる協同学習形態で行っています。グループは3つあります。その中から1グループの記録を載せておきます。

S　(笑)え!?
S　非常用。
S　何だろう？
T　さあ，どこでしょう？どんなところでしょう。
S　火があるところ。
S　何だろ，これ。
S　非常ベルついてる，どっかの教室？
S　うーん。
S　ボイラー室。
Ss　(笑)
S　うーん。でも壁の感じはめっちゃ白いから，明るいところかなって。
Ss　うーん。ふーん。うんうん。
S　何か公共の施設っぽい。
S　学校の中？
S　うん。
S　でしょ？

S	何か見たことない？
S	ある。何かある気する。
S	どっかで。
S	どっかで。
S	何か，無造作にありそう。廊下とか歩いてたら。
S	うん。
S	何だろうね。その右側のね。
S	うん。
S	この何かモニョってやつですか？
S	モニョって引くか知らないけど，このモニョってしたやつ。
S	何だろう？
Ss	うーん。(数秒思考)
S	何かホース…。
S	下のストックっぽくない？
S	ふた？
S	あー。
S	何かなあ。
S	何かのストックだよね。
S	あー，本当だ。
S	何か割れちゃったらつけるみたいな。
S	(笑)
S	非常用にそんなのいるの？
S	(笑)
S	割れるってことは，押すってこと。
S	うーん，たぶん。
S	これ使い捨てだよね，確か。
S	うーん。
S	あ，なるほど。
S	そんなストックするほど必要なのかな。
S	じゃあ，めっちゃ何かいろいろあるとこなんじゃないです

か？
S　あー。
S　危険がたくさんみたいな。(笑)
S　じゃあ，めっちゃいろいろあるとこね。(笑)
S　化学室，とかそういう。
S　何だろうね，それこそだから学校の裏とかそういうあれだとおれは思ったんだけど。
S　学校の裏。
S　何か障がい者用トイレとか。
S　うん。
S　あー。でもこんな何か押すのに大変そうかっていう…力いりそうって(不明)。
S　指力はいりそうじゃない？
S　(笑)指力。
S　そっか。
(後略)

　学生の反応はいきなり「え!?」から始まっています。第4章でよい協同学習ツールの条件を整理しました。そこで，学習者の「え!?」を引き出すことの重要性を指摘しました。この授業も，いきなり学生の「え!?」から始まっています。まずは大成功です。

　上に載せた討論記録は，写真5－10を使った討論活動の約半分にすぎません。それでもこれだけたくさんの発言が出てきています。ひとつの非常ベルから，様々な見方・考え方がポンピングされています。しかも，写真を読み解く活動に授業者は一切介入していません。すべて学習者任せで討論させています。ここでは，きわめて密度の高い学習者参加型の協同学習が成立しています。

　このような討論を重ねていくと，見学場所がどこかという仮説がいくつかに絞られてきます。このときは3つのグループから次のような仮説が出されました。「ボイラー室・食堂の厨房・実験系の部屋・

警備室・天文台・トイレ」。それぞれ根拠のある仮説になっています。「非常ベル」の写真は、これだけ考えを深めることができる協同学習ツールになっているのです。非常ベルの右脇にぶら下がっているものの「わかりにくさ」が討論を活性化しています。

　見学場所仮説がいくつかに絞られたら、次の写真を渡します。私の授業はどれも、多段階動機づけシステムを採用して組み立てています。ですから、2枚目に呈示する写真も「え!?」を引き出すものです。それが次に載せる写真5－11です。

◆ 究極の協同学習ツール

写真5－11

　この写真を学生たちに渡します。裏返して渡して「せーの」で見てもらいます。とくに発問や指示はいりません。教師は「ここには、こんなものもあります。」と言うだけです。それだけで自然に、協同学習が始まっていくのです。これは、理想的な協同学習ツールのあり方ではないでしょうか。

写真を渡したあとの討論記録を載せておきます。

S　え!?ガラスって，これどういう状況？ガラスの下にバルブあるよね？
S　そうなんですよね。
S　じゃあ，どうなってるの？
S　なん，なん，あれ？
S　ガラスっていうか，あのビニールの何かこういうやつかも。
S　うん。
S　うーん。
S　うんうんうん。
S　うにうにしてるやつ。
S　あー。ん。で，結局さあ，何だろうね。
S　何がですか？
S　ん，その何でこう…。
S　場所。
S　場所場所，何でこういうものがあるんだろうねって。
S　え，何か，何かをシャットアウトしたいんじゃないですか？
S　うーん。回して何をするものかだよね。
S　うん。確かに。開けるものかも知れない。
S　うーん。
T　この赤い十字形のやつ，回して何するものなんでしょう。話し合ってみてください。
S　んー？
S　何する？
S　開くとかじゃないの。
S　たぶん出てくる。開くはないんじゃない。扉自体はさあ，たぶんガラス側についてるしょ。ガラス側っていうか，この赤い側についてないから。何か出てくるのかな？ガスとか？
S　えっ？

S 完全に，ドアを，隙間を密閉するやつかなあとは思いました。
S あー。
S 何か動くのか。回すと。
S 密閉するやつ？
S うんうん。
S 右手で回すんだよね。きっと。
S （笑）回してみないとわかんない。
Ss （笑）
S 回したっけ，これが，こっちにこうズレてって，ここがオープンされて，ここをドゥン！みたいな。
S あー。あ？なるほど。
S ここを回さないと，これには，これをいじれないけど，これいじるやつかな？何か押せそうじゃない？
S うーん。
S 回すとこれがズレて。
S でもこれズラすっていうか，何かもっと軽い感じだと私は想像する。何か。
S わりとカラカラって開くみたいな。
S 暖簾みたいな。
S うーん。
S わかんないな，そこ。んー。
S 何だろこれ。
S でもね，何かこの取っ手っぽいのは押せそうな気はするんだよね，左側の。
（後略）

かなり長い紹介になりました。しかし，これでも「写真5－11読み解き活動記録」のわずか3分の1にすぎません。この中で，授業者がしている発問は下線部分一か所だけです。どんな授業でも，発問や指示の組み立てを考えることは大切です。しかし，充実した協同学

習を実現するために,「読み解きが可能なビジュアルテキストをいかしていく」という方法もあるのです。写真を協同学習ツールとして用いることの可能性の大きさを,ここでも実感してもらえるのではないでしょうか。

このあとも,「わかりにくさ」を写し込んだ写真を渡していきます。次は写真5－12です。

写真5－12

この写真も,ただ渡すだけです。それだけですぐにグループ討論が始まっていきます。ただし,討論の途中で,写真5－12は写真5－11のちょうど裏側にあたる部分である,というヒントを与えます。そのヒントをもとに,学生たちは,写真5－11と写真5－12を見比べ,関連づけながら協同で読み解きをしていきます。紙幅の都合で,討論記録を載せられません。そこで,写真5－11と写真5－12の読み解きを簡単に解説しておきます。

もう一度写真5－11を見てください。この部屋にいる人は,写真左側の丸い部分(ノブ)を押して室外に出ます。このノブを押すとド

アが開くようになっているのです。ところが、この部屋がもっているある条件によって、左側のノブが動かなくなってしまうことがあります。そういうときに使うのが写真5－11の右側のレッドハンドルです。このレッドハンドルは緊急時の脱出装置なのです。

　次に写真5－12を見てください。これは写真5－11のちょうど反対側になる部分を写したものです。レッドハンドルは写真5－12の「ラッチ受部」につながっています。レッドハンドルを回し続けるとラッチ受部が外れて床に落ちるようになっています。ラッチ受部が外れたらドアを手で押します。手で押して開かなければ体当たりします。それでも開かないときは、仕方がありません。写真5－10の出番です。非常ベルを押します。そういうことはしょっちゅうあるわけではありません。しかし、稀に起こります。そのため、非常ベルのふたにはスペアが必要なのです。

　以上のようなことを学生たちはわずか3枚の写真から読み解いていきます。意見がたくさん出過ぎて、学生たちだけでは収拾がつかなくなることもあります。そういうときは授業者が、たくさんの意見の交通整理くらいはしてあげます。本書で紹介しているツールを使えば、「意見が出過ぎてわからなくなってきた」ということはあります。しかし「わからなくて意見が出ない」ということはまったくありません。

　このあとの授業では次のような写真も渡します。

写真5－13

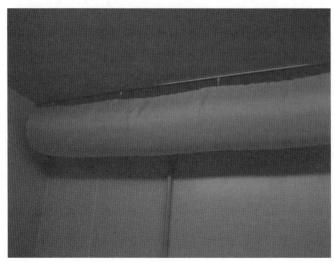

写真5－14

そして、私たちがこれから見学に行くところが写真5－15です。

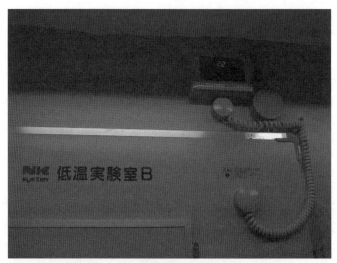

写真5－15

これらの協同学習ツールをいかしていくと学習者たちは，これから行うことになる「見学」に対して，きわめて強い動機をもつようになります。それは，次の授業記録からもよくわかると思います。

T　はいそれでは，再来週見学に行きます。
S　やったあ。
S　わーい。
T　さらにそこにはものすごいものがあるのです。
S　えっ。
T　内緒。
Ss　（笑）
T　本当に「えっ!?」と思うものがあるのです。
S　何だろう。
T　はい，まだ作業はあります。「ふりかえり」をまず書いてください。

　この授業を受けているのは小学生ではありません。大学生です。20歳前後の人たちが，「見学に連れて行ってあげる」と言われて「やったあ」「わーい」と本気で叫んでくれています。現場に行ってみたくてしょうがない状態になっているのです。ここで紹介してきたような方法で協同学習ツールをいかしていけば，見学に対する動機をこれだけ高めてあげることができるのです。
　学生たちは，ここで使った写真に写っている場所を見てみたいと思っています。さらに，見学場所全体に対する好奇心も高まっています。この状態で見学に連れて行ってあげたら，見るべきところをちゃんと見てくれるのではないでしょうか。また，自らの好奇心に応じた発見のある見学にしてくれるのではないでしょうか。
　協同学習ツールをいかした，今回の見学事前指導は，実りのある「見学」を実現することができたのでしょうか。学生が書いてくれた見学

◆ 協同学習ツールの効果ー見学記録

　大学行事の都合で，見学は事前指導の2週間後に行いました。事前指導から見学まで2週間も空いてしまいましたが，学生たちの動機は低下していませんでした。学生たちが，低温実験室で何をどのように見たのか，そして学んだのか。そのことを，学生が書いてくれた見学記録文を読みながら確かめていきます。学生たちは全員，ボリュームのある見学記録を出してくれています。そのため何人もの見学記録を紹介することはできません。とりあえず1名分だけ載せておきます。

　次に載せる見学記録は，全文で3598文字もあります。これだけ長文ですと半分も紹介できません。内容を大幅に割愛し，全体の3分の1ほどを載せておきます。内容の多くを割愛してありますが，書式やテーマ等の書き方は学生が書いてくれたものをそのままにしてあります。なお，低温実験室見学時には物理研究室の研究補助員Aさんに解説をお願いしました。

学生の見学記録

> 実録！「見学しよう～低温実験室～」
>
> 前回までのあらすじ
> 　ビジュアルテキストを用いた鹿内先生による巧みな授業のおかげで，すっかり低温実験室に興味を持った私たち。自分たちの通い続けていた大学内にまだまだ未知の世界が隠されていたことを知って，ただならぬ興奮を覚えたのであった…!!
>
> (中略)
> 　1講目で，207教室を使用していた人達が廊下へと姿を現すと，私たちは浮き足だった様子で教室へと吸いこまれていった。いつにも増して教授が現れるのが待ち遠しい。

数分後，時刻通り鹿内先生は現れた。彼もまた，学生たちを彼らの未知の領域へ導けることが喜ばしいことがその表情から読み取れた。
「では，行きましょうか。」
　教授の言葉に，私たち学生は笑みを浮かべて立ち上がった。
(中略)
　待ちに待った低温実験室に入る瞬間が来た。<u>写真で見た，あの重い扉が開けられる。</u>₁ 低温室Aの温度は6℃で，まだ冬布団のコートの本領は発揮されない。白い壁，金属の床に試験管やビーカー，それにパソコン。寒いこと以外は，案外普通の研究室と変わらないような風景である。
　<u>まず，私たちは天井付近に吊るされた，白い筒の正体に迫った。</u>₂ やはり，そこからは冷気が出ていた。Aさんによれば，室内の温度にムラを出さないための設備であるらしい。実験室内に風が生じることは極力少ない方がよいということであった。「ほらね。」と，なんでもないような顔をしたAさんが発泡スチロールの板で私の顔をあおいだ。瞬間，私は声にならない悲鳴をあげ身を縮めた。風が起きることによって，体感温度が下がることを実感させてくれたのは嬉しいのだが，それなりに覚悟をつけさせてほしかったというのが本音である。
　そして，いよいよ低温実験室Bへ入る時が来た。中の気温はマイナス13℃，真冬でもあまりない気温だ。写真で見たビニールのカーテンをぬける。冷凍庫の中の乾燥した冷たい匂いがした。
　はじめに誰かが異変に気付いた。
「ボールペンの出が悪い！」
　なるほど，マイナス13℃という気温はボールペンのペン先をも凍らせるらしい。シャープペン・鉛筆組は勝ち誇ったような表情を浮かべたが,彼らも手がかじかんでくるのには，

第5章　協同学習ツールのいかし方

> 抵抗はできず，苦戦していた。
> 「部屋も段々明るくなってきたし。」
> 　Aさんがまた，何気ない口調でそう言った。確かに入った時より，部屋全体が明るくなった気がして天井をみると，低温室Bの蛍光灯はガラスの管に包まれていることに気付いた。なんとマイナス25℃の世界では蛍光灯も凍り付いてしまうらしい。部屋が明るくなったのも，蛍光灯があたたまり，ガラスのくもりがなくなったからということだ。後に話されたことだが，低温室Aにはエアーカーテンが，低温室Bにはビニールのカーテンがつけられているのも，エアーカーテンの機械がマイナス25℃では作動しないからという極めて単純で，驚くべき理由があったのである。人間という生き物が，いかにあたたかい環境で文明を作り上げてきたかがうかがえるのではないか。3
> （後略）

　まず書き出しの部分から，この学生の見学に対する動機づけの高さがよく伝わってきます。下線部分1と2は，事前指導で使った写真に写っていたところです。事前指導で用いた協同学習ツールがちゃんと「観察の観点」になっています。さらに下線部分3です。ここでは，この学生の好奇心に応じた「独自の発見」が記述されています。見学によって豊かな意味がうみ出されています。

　まず，教師が現地に行ってみる。授業づくりあたまになって写真を撮ってくる。その写真を協同学習ツールとして事前指導を行う。このひと工夫ふた工夫が豊かな意味をうみ出す見学授業につながってくるのです。

第6章

協同学習ツールからの発展

6-1. 協同学習から始めるアクティブラーニング
◆ 新しい学力観の模索

　本書は，改訂増補版です。本書の初版は，2013 年 1 月に出版されています。初版でも改訂増補版でも，私は次のことを一貫して主張しています。「『見ること』と『協同学習』を取り入れた授業は，まさに，学習指導要領に準拠しつつ，学習指導要領を越えていく授業になります。」

　この主張に，ようやく時代が追いついてきてくれました。拙著初版が出版されてからほぼ 2 年後，2014 年 11 月に文部科学大臣から中央教育審議会に対して「初等中等教育における教育課程の基準等の在り方について」という諮問がなされました。この諮問は「次の学習指導要領をどうするか」という文脈の中で出されたものです。教育行政も，現行学習指導要領の学力観を乗り越えていく方途を模索しているのです。その諮問の中で，新しい学力観につながる大切なことが主張されています。その箇所を引用しておきます。「課題の発見と解決に向けて主体的・協働的に学ぶ学習 (いわゆる『アクティブ・ラーニング』) や，そのための指導の方法等を充実させていく必要があります。」

　この引用文の中だけでも重要なことがいくつか主張されています。まず第 1 は「次の学習指導要領にはアクティブラーニングを入れてほしい」ということです。第 2 は「協同学習はアクティブラーニングの具体的なあり方のひとつだ」ということです。そして第 3 は「協同学習を含むアクティブラーニングの指導方法を充実させてほしい」ということです。

　「諮問」では，「協働」という表現がなされています。本書では「協同」と表記しています。「協働」も「協同」も意味に大きな違いはありません。そのため本書では，引用文以外は「協同」と表記していきます。「アクティブラーニング」と表記するか「アクティブ・ラーニング」と表記するかという問題も同様です。どちらでも構いません。ただ，表記にこだわる方もいるかもしれません。そういう方は，杉江 (2011, p.16) の次の記述を参考にしてください。「『協同』か『協働』か『共同』か

などといった議論も実践にとってはさほど意義のある議論ではありません。」アクティブラーニングの表記については，溝上(2014,pp.6-7)の説明が参考になりますがその引用は割愛します。表記法についての注釈はここまでにして本題に戻ります。

◆ 充実したアクティブラーニングのために

次の学習指導要領にはアクティブラーニングが盛り込まれてくるのです。私たちは，それに備えていかなければなりません。アクティブラーニングを取り入れた授業ができるようにしていかなければなりません。すでに教育現場では，次に来るアクティブラーニングの波に備えた準備を始めています。各地でアクティブラーニングの研究会がうまれています。またアクティブラーニングの研修会も開かれています。私自身が，アクティブラーニング研修会の講師を依頼されることも増えてきました。そのような研修会での私の仕事は，看図アプローチと協同学習のワークショップです。充実したアクティブラーニングをうみ出そうとする動きは，確実に広がってきています。

アクティブラーニングには，様々な定義があります。その中で最近よく引用されているのが,溝上(2014,p.7)の定義です。溝上はアクティブラーニングを次のように定義しています。

> 一方向的な知識伝達型講義を聴くという(受動的)学習を乗り越える意味での，あらゆる能動的な学習のこと。能動的な学習には，書く・話す・発表するなどの活動への関与と，そこで生じる認知プロセスの外化を伴う。

本書で提案してきたことは，すべてこの定義にあてはまります。アクティブラーニングの直訳は「能動的学習」です。私の提唱している看図アプローチ協同学習を取り入れれば，必ず能動的な学習がうまれます。書く・話す・発表する等の活動も自然に引き出されます。

「諮問」の中では，アクティブラーニングの方法を充実させていく

必要性が指摘されています。本書では，アクティブラーニングを充実させていく方法を具体的に示してきました。しかも，これまで見過ごされることが多かった「見る」活動から能動性を引き出す方法を提案しているのです。「見ること」は能動的な楽しさをうみ出します。本書でもこのことは繰り返し指摘してきました。「見ること」は能動的な楽しさをうみ出す，という「発見」は，現行の学習指導要領がもっている学力観を乗り越えていくパワーを提供してくれると私は思っています。

◆「目からうろこ」の学習方法

私たちは，身近にあるものの大切さに気づかされたとき，よく「目からうろこだ」と言います。私は，あちこちで看図アプローチ協同学習のワークショップをしています。そのときによく聞こえてくるのが「目からうろこでした」という感想です。最近私のワークショップに参加した小学校の先生も次のような感想を書いていました。

> 目からうろこでした!! 協同学習については，何となく言葉だけかじっていたつもりでしたが，こんなにも楽しいものだったのですね。

私はこの感想を読んで，「見ること」からはじめる協同学習をもっともっと発展させていかなければならないと思いました。
さらに，別の参加者は次のように述べていました。

> 今日の内容はとても具体的でわかりやすく，これからもっとアクティブラーニングについて学びたいと強く思わせて頂くきっかけを頂きました。又，伝達型では学習者の脳が不活発になることも多いと常に感じていましたが，アクティブラーニングによって，ここまで私達受講者の脳の状態が変わるのだということを実感し，とても勉強になりました。

この感想を書いてくれた先生が受けたワークショップも，本書で提案している協同学習ツールを用いたものです。本書で提案している看図アプローチ協同学習は「これからの人たち」に脳の新しい使い方をしてもらえる有効な方法になるのです。

◈ 教師もアクティブに

　協同学習ツールのいかし方は色々です。最も理想的なのは，本書で提案している原理を使って，先生方ご自身に協同学習ツールを創って頂くことです。そしてそれを，ご自身の授業でいかして頂くことです。そのためには相当な教材開発力が必要になると思います。しかし，教師がアクティブティーチャーになれれば，その分だけ学習者のアクティブラーニングも豊かになっていくのです。

　本書で提案した協同学習ツールやその構成原理を，私は幼稚園教員養成や看護教育の中で役立てています。小中学校での授業づくりにも役立てています。実践事例もたくさん蓄積されてきました。これらの事例を集めて，協同学習ツールのより具体的ないかし方をまとめた「ハウツー本」を書くこともできます。しかし，「手とり足とり」の「ハウツー本」を書くことと，アクティブラーニングを推奨することは矛盾する感じがして，まだ手をつけずにいます。ただ，幼稚園教員養成や看護教育での実践の一端は論文にまとめて報告しています(例えば鹿内 2015a，2015b)。これらの論文は，協同学習ツールの応用事例や看図アプローチ協同学習の多様な実践例をさらに知りたい方の参考になると思います。

6-2. 協同学習ツールを変革の力にする
◈ 社会や現実とのつながり

　先に引用した中教審への「諮問」の中に次のような記述があります。

> 社会とのつながりをより意識した教育を行い，子供たちがそうした教育のプロセスを通じて，基礎的な知識・技能を習

> 得するとともに，実社会や実生活の中でそれらを活用しながら，自ら課題を発見し，その解決に向けて主体的・協働的に探究し，学びの成果等を表現し，更に実践に生かしていけるようにすることが重要である

　原文は，一段落一文でかなり読みにくい文章なので途中で切って引用しました。この引用文が主張しているのは「社会や現実とのつながりを意識した教育」をしなければいけないということです。この主張に意義を唱える人はいないと思います。このようなあたりまえのことをあえて「諮問」の中に書かざるを得なかったのです。それには理由があります。それは，現行の教育が，社会や現実とのつながりを意識したものになっていない，ということです。

　本書をここまで読んで頂いた方には，協同学習ツールのつくり方かし方についてたくさんのヒントを見つけてもらえたことと思います。しかし，次のような懸念をもった方もいるかもしれません。「協同学習ツールの効果はわかった。でも，これは普段学校でやっている教科の指導には使えないのではないか。」

　決してそんなことはありません。本書で紹介してきた協同学習ツールは，社会と現実につながる教育づくりにも必ず役立ちます。そもそも本書で紹介した協同学習ツールは，すべて現実の問題を写しとってきたものです。現実の中から問題を見つけ出し発問化したものです。現実と密接に結びついた協同学習ツールを学校の授業に取り入れられないとしたら，学校の授業の方に問題があるのではないでしょうか。学校の授業が現実とのつながりを欠いてしまっている「可能性」があるのではないでしょうか。「可能性」と言うより「危険性」と言った方がよいのかも知れません。

　私は，本書をまとめるにあたって，写真4－3(第4章)に写っている点字ブロック断裂の町に再取材に行ってきました。ひょっとしたらあの点字ブロック断裂が直されているかも知れないと思ったからです。しかし，久しぶりに訪れた町で私が見つけたものは「え!?」「え!?」

「え!?」でした。

◆あこがれの町

　「歩道を飾る色とりどりの花」「歩道を活用したオープンカフェ」「ぬくもりを感じさせる木製のベンチ」。こういう町に住んでみたいと思う人は多いのではないでしょうか。こういう「あこがれの町」を私は見つけました。それが第4章で紹介した「点字ブロック断裂の町」です。この町を歩きながら出会った光景を紹介していきます。

写真6-1(一部モザイク処理)

歩道は色とりどりの花であふれていました。日当たりのよい場所にはオープンカフェもありました。

写真6−2(一部モザイク処理)

そしてきわめつけは「ぬくもりを感じさせる木製のベンチ」です。

写真6－3(一部モザイク処理)

　ここにベンチを置いた人は，おそらく善意でこのアイデアを出したのだと思います。しかし「善意でしていることだから」という理由で，ここにベンチを置く発想を認めていいのでしょうか。これだけ大きなベンチです。また，他のバス停にも同様のベンチが置かれていました。この「木製ベンチ設置プロジェクト(？)」にはおそらく何人もの人が関わっていたのだと思います。そして誰も，ここにベンチを置くことの「おかしさ」に気がつかなかったのだと思います。大袈裟な言い方かも知れませんが，これが現在の学校教育の結果なのです。「色とりどりの花」「オープンカフェ」「木製のベンチ」。これらはことばを読むと素敵な「あたたかさ」を感じさせます。しかし，これらのコンセプトが実現することによって町は「つめたい心」であふれていくのです。点字ブロックを遮断して設置された木製のベンチを見て，「おかしい」と思う人がいないのです。点字ブロックをたどってバス停にたどり着いた人は，この大きなベンチの前でどうしたらいいのでしょうか。そういう光景に自分の想像力をジャンピングさせる力が育って

いないのです。もちろん写真4－3の点字ブロック断裂もそのままでした。

　私は点字ブロックを遮断して設置されたベンチを見て,「助け合いの心」を育てていくのは大変なことなのかも知れないと思いました。しかし,私が本書で紹介してきた協同学習ツールは「確かな助け合いの心」の育成にいかしていけるものなのです。

　この町ではたくさんの人が,点字ブロックを遮断して設置されたベンチを見ているはずです。誰もそのことの「おかしさ」に気がつかないのでしょうか。だとしたら,「おかしさ」を見つけられる「見る力」をもっと育てていかなければならないのではないでしょうか。点字ブロック遮断ベンチのような光景を見たら「え!?」と思わなければならないのです。「え!?」と思える人を育てていかなければならないのです。このような「見る力」を育てるためにも,私が本書で提案してきた協同学習ツールを学校教育の中に,もっと積極的に取り入れていかなければいけないのだと思います。

看図アプローチのルーツ

　本文中でも書きましたが看図アプローチは看図作文研究からうまれてきました。看図アプローチのルーツは看図作文です。本書では写真をビジュアルテキストに使いましたが,絵図をビジュアルテキストにすることもできます。さらにはグラフなども有効なビジュアルテキストになります。多様なビジュアルテキストをいかすことで,看図アプローチ協同学習を活用できる教科領域も広がってきます。

広がる協同学習ツールのいかし方

　本書では看図アプローチ協同学習を提唱しています。看図アプローチ協同学習に対する強いニーズをもっている教育領域があります。それは「聾教育」です。(現在，学校名が「聾学校」と表記されています。そのため本書でも「聾」と漢字表記しています。)

　従来，聾教育は聴覚口話法によって行われてきました。しかし，子どもや保護者たちの強い願いが叶って，日本手話を使った教育もできるようになりました。北海道の聾学校で正式に日本手話による教育が導入されたのは，2007年度です。それから，聾学校の先生方による新しい教育方法の模索が始まりました。長い試行錯誤の末に北海道札幌聾学校の先生方がたどり着いたのが看図アプローチ協同学習でした。聴覚にハンディキャップをもっている子どもたちは，視覚的なツールは有効に活用できます。看図アプローチ研究が開発してきたノウハウは聾学校の先生方のニーズにも応え得るものだったのです。現在北海道札幌聾学校では，田中瑞穂先生を中心として，聾教育に看図アプローチ協同学習を導入する研究と実践が精力的に行われています。看図アプローチ協同学習の聾教育における成果とさらなる発展が期待されます。

改訂増補版あとがき

「あとがき」も「見ること」から始めたいと思います。まず次の写真を見てください。

(東北大学吾妻行雄教授提供)

発問です。「どんな『もの』が写っているでしょうか。」「石」「岩」「海藻」くらいは見つけられるのではないでしょうか。しかし，海中の光景に馴染みがない人には，見えていない「もの」もあるかと思います。もう少しシンプルな写真を見てみましょう。

(東北大学吾妻行雄教授提供)

これなら，写っている「もの」が「ウニ」であることがわかると思います。これらの写真のようにウニが自分の体の上に，小石や貝殻や海藻などを乗せる行動を「覆い行動」といいます。ウニはなぜこのような行動をするのでしょうか。吉村他 (2009) は，ウニの覆い行動について，次のような説を紹介しています。①古くから唱えられているのが「カモフラージュと防御説」です。②紫外線防御説もあります。紫外線は DNA を傷つけるので，覆いによって DNA を守っている，という説です。③頂上系防衛説。ウニの頂上部分には生殖板等の重要な機能が集中しています。それを覆いによって守っているのだという説です。吉村らは他にもいくつかの説をあげています。それぞれの説がもっともらしさをもっています。

　ウニの研究者たちは，ウニが小石や藻などの「もの」を，体に乗せている「こと」を見ています。そしてそれだけからは見えない「こと」を見ようとして (外挿しようとして) いるのです。私には，このようなプロセスがとても楽しく感じられます。おそらくウニの研究者たちも，このプロセスを「面白い」と感じているはずです。

　ウニの研究者たちがたどっているこの思考プロセスは，看図アプローチが仮定している処理モデルと重なります。また，研究者たちは学会という場をもっています。学会という場で，ウニの行動について様々な角度から話し合いを重ねています。これも一種の協同学習だと私は思います。

　私が本書で提案していることは，子どもたちの学校での学びから専門家たちの学会での学びまで，適用範囲がとても広いものだと思います。ですから，看図アプローチ協同学習は，まだまだたくさん発展の余地があります。これからも，小・中・高・大の実践家と「協同」して看図アプローチ協同学習の可能性をさらに広げていきたいと思います。

　この改訂増補版もナカニシヤ出版山本あかね氏のお力添えで出版できることになりました。いつも，私のささやかな仕事を支えて頂いておりますことに深く感謝致します。また，看図アプローチ協同学習の

研究は，渡辺聡・伊藤公紀・伊藤裕康・石川清英・石田ゆき，の各氏とともにすすめてきました。全員，北海道で活躍している方々です。私は2015年度より活動の場を北海道から九州に移しましたが，今後ともの協力をお願いしつつ，これまでの協力に感謝申し上げます。

2015年9月9日
鹿内信善

注1：「あとがき」に掲載した写真を除く，本書に掲載した写真の著作権はすべて「チーム鹿内」にありますが，授業等営利を目的としない活動で活用可能です。本文にも書きましたが，http://www16.plala.or.jp/kohki/kanzu/ からダウンロードすることができます。

注2：本書に収録した研究の一部は科学研究費補助金基盤研究(C)・課題番号21530969(研究代表者；鹿内信善，研究テーマ「ヴィジュアルテキストを創造的に読む力を育てる教材開発・授業開発」)および科学研究費挑戦的萌芽研究・課題番号25590253(研究代表者；鹿内信善，研究テーマ「読書と作文のまちづくりに関する実践的研究」)によって行いました。

文 献

浜本純逸　2011　『国語科教育総論』　溪水社

波多野誼余夫他　1973　『知的好奇心』　中央公論社

Johnson,D,W. 他 (石田裕久他訳)　2010　『改訂新版学習の輪－学び合いの協同教育入門－』　二瓶社

Knoll,S.W.et al.,　2011 The Impact of Stimuli Characteristics on the Ideation Process: An Evaluation of the Change of Perspective 'Analogy',Proceedings of the 44th Hawaii International Conference on System Sciences-2011,pp.1-10

溝上慎一　2014　『アクティブラーニングと教授学習パラダイムの転換』　東信堂

文部科学省　2008　『中学校学習指導要領』　東山書房

文部科学省　2008　『中学校学習指導要領解説－社会編－』　日本文教出版

文部科学省　2008　『小学校学習指導要領』　東京書籍

文部科学省　2014　「初等中等教育における教育課程の基準等の在り方について (諮問)」　http://www.mext.go.jp/b_menu/shingi/chukyo/chukyo0/toushin/1353440.htm

奥泉香　2006　「『見ること』の学習を，言語教育に組み込む可能性の検討」リテラシーズ研究会 (編)『リテラシーズ２－ことば・文化・社会の日本語教育へ－』　くろしお出版　pp.37-50

鹿内信善　2003　『やる気をひきだす看図作文の授業－創造的 [読み書き] の理論と実践－』　春風社

鹿内信善 (編著)　2010　『看図作文指導要領－「みる」ことを「書く」ことにつなげるレッスン－』溪水社

鹿内信善 (編著)　2014　『見ることを楽しみ書くことを喜ぶ協同学習の新しいかたち●看図作文レパートリー●』　ナカニシヤ出版

鹿内信善　2015a　「『看ること』から始める授業づくり－看図アプ

ローチとは何か−」『看護教育』 56巻8号　pp.774-779

鹿内信善　2015b　「看図アプローチ協同学習による幼稚園教育実習事前指導」『協同と教育』（印刷中）

清水毅四郎他　1990　『子どもを自主的にする社会科−見学・調査の活用−』　黎明書房

杉江修治　2011　『協同学習入門−基本の理解と51の工夫−』　ナカニシヤ出版

高田敏実他　2006　「小学校社会科における見学・調査活動を支援するデジタルコンテンツの設計と開発」『岐阜大学カリキュラム開発研究』 23巻2号　pp.53-60

高橋宏昌　2007　「社会科の見学活動を生かす授業づくり」『授業の研究』 165号　p.33

田近洵一他(編)　2004　『国語教育指導用語辞典(第3版)』　教育出版

Walker,J.A. 他(岸文和他訳)　2001　『ヴィジュアル・カルチャー入門−美術史を超えるための方法論−』　晃洋書房

渡部一二　2010　『水の恵みを受けるまちづくり−郡上八幡の水縁空間』　鹿島出版会

安永悟　2012　『活動性を高める授業づくり−協同学習のすすめ−』　医学書院

吉村和也・宮本康司　2009　「ウニの行動」　本川達雄(編著)『ウニ学』　東海大学出版会　pp.33-52

◆著者略歴◆

鹿内　信善 (しかない　のぶよし)
　　1950 年　青森市生まれ
　　名古屋大学大学院教育学研究科博士課程単位取得退学
　　早稲田大学大学院教育学研究科　博士 (教育学)
　　北海道教育大学教授を経て現在福岡女学院大学人間関係学部教授
　　専門　教科教育学・教育方法学・教育心理学

　　主著
　　『見ることを楽しみ書くことを喜ぶ協同学習の新しいかたち●看図作文レ
　　　パートリー●』　ナカニシヤ出版
　　『看図作文指導要領－「みる」ことを「書く」ことにつなげるレッスン－』
　　　溪水社
　　『やる気をひきだす看図作文の授業』　春風社
　　『＜創造的読み＞への手引』　勁草書房
　　『「創造的読み」の支援方法に関する研究』　風間書房，他

改訂増補
協同学習ツールのつくり方いかし方
―看図アプローチで育てる学びの力―

2015 年 11 月 11 日　改訂増補版第 1 刷発行

　　　　　　　　　　　　　　　　　　　　　（定価はカヴァーに表示してあります）

　　　　著　者　鹿内信善
　　　　発行者　中西健夫
　　　　発行所　株式会社ナカニシヤ出版
　　　　〒606-8161　京都市左京区一乗寺木ノ本町 15 番地
　　　　　　　　　　　　　　Telephone　075-723-0111
　　　　　　　　　　　　　　Facsimile　 075-723-0095
　　　　　　　Website　http://www.nakanishiya.co.jp/
　　　　　　　E-mail　　iihon-ippai@nakanishiya.co.jp
　　　　　　　　　　　　郵便振替　01030-0-13128

装幀・DTP＝石田ゆき／印刷・製本＝創栄図書印刷
Printed in Japan.
Copyright @2015 by N.Shikanai
ISBN978-4-7795-0993-3　C1037

本書のコピー，スキャン，デジタル化等の無断複製は著作権法上での例外を除き禁じられています。本書を代行業者等の第三者に依頼してスキャンやデジタル化することはたとえ個人や家庭内の利用であっても著作権法上認められておりません。